Annette Behnken

DEMUT

Annette Behnken

DEMUT

Hymne an eine Tugend

KOMPLETTMEDIA

Originalausgabe
1. Auflage 2021
Verlag Komplett-Media GmbH
2021, München
www.komplett-media de
ISBN: 978-3-8312-0589-9
Auch als E-Book erhältlich

Redaktionsbüro: Boris Halva
Lektorat: Diana Napolitano, Augsburg
Korrektorat: UMP Lektorat M. Paff
Umschlaggestaltung: FAVORITBUERO GbR, München
Satz und Layout: Buch-Werkstatt GmbH, Bad Aibling
Druck & Bindung: GGP Media GmbH, Pößneck

Gedruckt in Deutschland

Aus Gründen der besseren Lesbarkeit wird bei Personenbezeichnungen und personenbezogenen Hauptwörtern in diesem Buch die männliche Form verwendet. Entsprechende Begriffe gelten im Sinne der Gleichbehandlung grundsätzlich für alle Geschlechter. Die verkürzte Sprachform hat nur redaktionelle Gründe und beinhaltet keine Wertung.

In Erinnerung an Anne Feline (2003–2005)

Für Marie
Lina
und Gunnar

INHALT

LIEBEN

Vergesset nicht
Freunde
wir reisen gemeinsam
besteigen Berge
pflücken Himbeeren
lassen uns tragen
von den vier Winden.
Vergesset nicht
es ist unsre
gemeinsame Welt
die ungeteilte
ach die geteilte
die uns aufblühen läßt
die uns vernichtet
diese zerrissene
ungeteilte Erde
auf der wir
gemeinsam reisen.[1]

Rose Ausländer

VORWORT

Wie fühlt sich Demut an? Wie geht, sich in Demut üben? Und was ist eigentlich das Gegenteil von Demut? Kaum ist das Wort Demut ausgeschrieben, schlägt die Suchmaschine diese Fragen vor. Außerdem steht da noch: »Kann man Demut lernen?« Und: »Wie definiert man Demut?«

Ein Blick ins Internet zeigt: Es scheint Menschen zu geben, die sich mit der Demut beschäftigen. Die verstehen wollen, was es mit diesem stillen und irgendwie auch spröden Wort auf sich hat. Was drinsteckt. Was die Demut mit einem macht, wenn sie plötzlich da ist. Sich in einem ausbreitet. Einen erfüllt.

»Wie großartig wäre es, wenn aus diesem altmodischen Wort eine angesagte Lebenshaltung würde. Wenn die heilsame und revolutionäre Kraft der Demut wirksam werden könnte, die Oben und Unten und Macht und Ohnmacht nicht kennt, weil sie das Gemeinsame im Blick hat.«

Als ich diesen Satz vor ein paar Jahren im Fernsehen aussprach, dachte ich nicht, dass ich damit etwas anstoßen würde, das nun weitergeht. Ermutigt und inspiriert von Menschen, in denen meine Sätze eine Neugierde auf die Demut ausgelöst hatten, entstand die Idee für dieses Buch. Das war lange vor Corona. Damals ahnte ich nicht, dass ich erst jetzt, im Sommer 2021, die Zeit zum Schreiben finden und dass die Welt eine andere sein würde.

Vor der Pandemie spielte die Demut im Leben vieler Menschen kaum eine Rolle. Demut war eine Art Yoga für Grübler und Esoteriker. Demut war Ordensschwester und auch ein bisschen Gandhi. Demut war der vegane Aufstrich, der zwar lecker klingt, aber nur im Einkaufswagen landet, wenn er im Angebot ist. Demut war das Zeichen, das die Kirche ihren Schäfchen in die Flanke brannte. Demut war der Gutmensch unter den Tugenden – in der Sache durchaus im Recht, aber ein bisschen zu nörgelig. Und dass irgendwann auch Führungskräfte im Topmanagement anfingen, die Demut zu preisen, machte sie nicht weniger suspekt. Kein Wunder also, dass eine Frage von Anfang an über der Arbeit an diesem Buch schwebte: Warum sollte sich überhaupt irgendjemand für Demut interessieren?

Dann kam Corona. Dann kamen Überschwemmungen und Flächenbrände. Dann kam der Weltklimabericht. Dann kam Afghanistan. Und auf einmal wussten viele Menschen wieder, wie sie sich anfühlt, die Demut. Und dass sie, die Demut, keine schlechte Übung ist, aber irgendwie ungewohnt. Und konnte es sein, dass wir – nun, da wir so von Demut erfüllt waren – gerade erlebten, dass das Leben, das wir bis dahin geführt hatten, in vielerlei Hinsicht das Gegenteil von Demut gewesen war?

Gut möglich. Aber anderthalb Jahre nach Ausbruch der Pandemie sollte es nun mit Blick auf die Demut um andere Fragen gehen. Etwa: Wo bringt sie uns hin? Und warum wäre es gut und wichtig, sie nicht gleich wieder abzulegen – so wie den Mantel, sobald die Tage milder werden? Was, wenn die Demut nicht das Gegenteil dessen ist, was unser bisheriges Leben ausgemacht hat, sondern vielmehr ein Gegenmittel, das die Nebenwirkungen unserer in vielerlei Hinsicht ungesunden Lebensweise nicht bloß lindert, sondern gar nicht erst entstehen lassen würde? Demut eben nicht als Gegenteil von irgendwas, sondern als das Puzzleteil, das fehlt; das ein respektvolles Zusammenleben erst möglich macht. Demut als radikale Form der Ehrlichkeit und Zuwendung. Demut als gute Kraft, die den Irrsinn des Neoliberalismus und unseres ganzen Wirtschaftens entlarvt. Demut als Dünger für den Humus, in dem wir alle wurzeln, aus dem wir alle unsere Kraft ziehen: als Individuen, als Gesellschaft, als Menschheit insgesamt.

Sie sehen: Auch ohne Corona hätte es genügend gute Gründe gegeben, der Demut ein Buch zu widmen. Dennoch ist dieses Buch keine Aufforderung zum Demütigsein, gibt keine zehn Tipps auf dem Weg zur rechten Demut und ist auch keine wissenschaftliche Abhandlung. Es gibt viele richtige Sätze über die Demut, und manche davon werden Sie in diesem Buch finden. Aber sie reichen nie ganz aus – Demut ist immer noch mehr. Sie ist so schwer greifbar wie die Liebe oder die Seele, und so möchte ich ihr ihre Unschärfe lassen. Ich analysiere die Demut nicht. Ich gehe mit ihr spazieren.

Flanierend schreibe ich mich durch die Landschaft von Erlebtem und Beobachtetem und greife en passant auf, was mir unterwegs vor die Füße kommt, am Indischen Ozean, unter Apfelbäumen, in Klostergärten, auf Erinnerungslinien und anderswo. Worte und Sprache sind mir dabei Suchmittel: Sonden, die ausleuchten von innen und oben, manchmal von schräg unten oder von weit oben, Konturen erkennend, Verortungen erkundend, Flüchtiges sichtend.

Es ist offen, wo der Spaziergang hinführt. Ich weiß es nicht. Aber gerade da beginnt auch schon die Demut: Sie weiß, dass sie wenig weiß. Und sie ist bereit, sich überraschen zu lassen.

Annette Behnken,
Wennigsen, im September 2021

STAUB

WINDROSE

Es wurde dunkel. Am Strand war kaum noch was los. Aus den kleinen Bars schwappten Licht, Stimmen, Musik zu mir herüber. Ich saß am Wasser und ließ es im Rhythmus des Ozeans über meine Füße fließen, hautwarm. Hier, auf der anderen Seite der Welt, sah der Himmel anders aus. Schräger Mond, die Spitzen seiner Sichel zeigten nach unten. Alles andersherum und fremd. Farben, Formen, Gerüche, Geräusche, Menschen – meine Sinne feierten es. Nase, Augen, Ohren und die Windungen meines Gehirns, durchgepustet von all diesen Seltsamkeiten. Und jetzt: Abschied von Indien. Ein paar warme Regentropfen, leichter, warmer Wind. Ein umarmendes, irres Land.

Ich hatte kurz vor der Reise mein Abitur gemacht, Geld zusammengejobbt und mich nach 14 Jahren Schulgefängnis – ich habe die Schule gehasst! – mit meiner Freundin ins Flugzeug gesetzt. Ohne Plan, welche der tausendundeinen Wunderorte wir auf diesem höchst eigenartigen Subkontinent besuchen wollten. Ein gewisses Maß an Planlosigkeit gehörte zum Abenteuer, welches hieß: Hauptsache, weg von allem, so weit wie möglich, Hauptsache, alles anders, Hauptsache, keiner kann mich finden.

Nachts hatte ich Albträume von Verwandten und Lehrern, die mir nachreisten und mich zurück nach Deutschland zwangen. Morgens wachte ich von Flöhen zerstochen erleichtert auf und atmete die Freiheit ein, die in den Straßen von Delhi nach Sandelholz und Pisse roch, und mein Herz machte Hüpfer in Solkattu. Genauso sollte es sein!

In Poona stritten meine Freundin und ich – in meiner Erinnerung das einzige Mal während der ganzen dreimonatigen Reise –, weil sie Sorge hatte, ich könnte dort bleiben wollen. Inzwischen aber waren wir mit Motorrädern in Südindien gelandet, ich schwerst verliebt in einen Hippie aus Kopenhagen, obwohl mein Freund ein ausgesprochen feiner Kerl war und in Deutschland auf mich wartete. Indien setzte alles außer Kraft. Zusammen mit zwei Norwegerinnen, zwei Dänen und zwei Engländern hatten wir ein gelbes Haus gemietet. Alle Uhren und Kalender waren aus dem Haus verbannt, Handys hatten wir noch nicht. Zeitlose Zeit. Ich wollte nie zurück. Und wäre mein Visum nicht abgelaufen, wäre ich geblieben.

Mich durchflossen Heim- und Fernweh zugleich, fielen in mir zusammen in einer nicht definierbaren Sehnsucht. Und wenn ich hineinging in das Sehnen, dann tauchte dahinter wie in einem Unendlichkeitsspiegel schon die nächste Sehnsuchtsschicht auf. Selbst hier, oder: vor allem hier, weit weg, am Indischen Ozean, in den gerade die Sonne sank. Bilder der vergangenen Monate zogen vorbei: kleine bunte Tempel am Straßenrand. Darin eine Gottheit. Meist knallbunt, pink oder türkis, zärtlich mit Blüten geschmückt, eingehüllt in Duft-Schwaden von Räucherkerzen. Brahma-Schöpfer, Vishnu-Bewahrer, Shiva-Zerstörer. Die kreative Sarasvati, die schöne, glückliche Lakshmi und die mütterliche Parvati. Kali, die Todesgöttin. Durga, die schwer Begreifliche, schwer Zugängliche ... Ob ich an Gott glaubte, konnte ich gar nicht sagen, aber dass er viele Gesichter hat, war klar.

Die Sonne war rot geworden. Ich war so weit weg von zu Hause wie noch nie. Sehnsucht ohne Wohin – aber sie setzte ein Wollen in Bewegung: das Leben ausloten wollen bis in alle Tiefen und Untiefen, Höhen und Ekstasen, in die ganze Weite und in feinste Verästelungen hinein. In unserer Gesellschaft ist es Verrückten und Künstlern vorbehalten, das Leben in all seine Richtungen auszuloten. So ungefähr soll es Anaïs Nin gesagt haben. Ich las damals eine Biografie über sie und war fasziniert, wie leidenschaftlich und waghalsig sie sich durchs Leben und die Liebe improvisierte. Dieser Satz blieb hängen, bis heute. Zwar halte ich mich weder für eine Künstlerin noch für verrückt. Aber das wollte ich: das Leben ausloten.

An diesem Abend entschied ich: Das würde ab jetzt meine Lebensmission werden, mein Leben ganz und gar zu leben. Weil ich mein Leben als so großes Geschenk empfand. So groß, dass es manchmal wehtat, weil mir eine adäquate Antwort, eine angemessene Dankbarkeit in Haltung, Tun und Leben so unmöglich schien. Wie konnte das gehen, diese übergroße Gabe an mich zu nehmen? Ganz und gar das Leben leben, so, wie es mir geschenkt war, wie ich es vorfinde, wie ich mich vorfinde. Mich reinschmeißen. Nichts abschneiden, keine kleinste Facette. Und irgendwann einen inneren Ort finden, von dem aus ich in Gänze anwesend wäre, und von dort in die Welt hineinwirken. So ungefähr stellte ich es mir vor damals.

Heute denke ich: Welch pubertäre Anmaßung zu glauben, dass das ginge. Und dass es darum ginge! Klar, dass ich daran scheitern musste. Und dann wieder finde ich es genau so genau richtig. Die richtige Geste der Bereitschaft, das Lebensgeschenk ganz anzunehmen.

An diesem Abend ging ich am Strand in ein kleines Tattoo-Studio, einen Holzverschlag, in dem ein Inder Touristinnen Om-Zeichen an alle möglichen Stellen tätowierte. Ich fand das albern und kitschig. Aber das war jetzt egal. Es fühlte sich an, als würde ich ein Gelübde ablegen, als ich mir meine Sehnsucht unter die Haut stechen ließ. Seitdem gibt es eine kleine stilisierte Windrose auf meinem rechten Unterarm.

»Und es handelt sich darum,
alles zu leben.«[2]

Das Wort Demut spielte in meinem Kosmos damals keine Rolle.

HUMILITAS

Ich schiebe meine Finger in einen kleinen Hügel Erde. Sie ist wärmer, als ich dachte, sammelt sich zwischen meinen Fingern und schiebt sich unter die Fingernägel. Ich greife eine Hand voll. Vor der Geste, die dann folgt, habe ich jedesmal Respekt. Ebenso vor den dazugehörigen Worten: »Erde zu Erde, Asche zu Asche, Staub zum Staube.«

Dreimal werfe ich Erde ins Grab und höre, wie sie auf das Holz des Sarges oder auf die Urne rieselt. Ein Moment, in dem ich erwarte, dass mich die Endgültigkeit des Todes trifft. Aber diese Wirklichkeit ist zu groß, für mich, in diesem Moment.

Dass wir aus Sternenstaub sind und wieder zu Sternenstaub werden, um neu zu leuchten, sage ich dann manchmal. Den Gedanken, dass sich in unseren Leibern mikroskopische Teile aus Äonen des Universums verkörpern und immer wieder neu zusammensetzen, finde ich spektakulär.

We are stardust. We are golden.[3]
Asperum et astrum.
Himmelswesen. Erdwesen.

Sprache ist schlau. Dass wir Erdwesen sind, weiß die hebräische Sprache: Adamah ist die Erde, Adam der Mensch, aus Erde gemacht und beseelt mit göttlichem Odem. Die Menschlichkeit, humanitas, ist schon ethymologisch nicht vom Humus zu trennen, vom Boden, der Erde, dem Schmutz und Dünger. Das lateinische Wort für Demut, humilitas, zeigt: Die Demut ist bodenständig. So sieht es auch der Benediktiner-Mönch David Steindl-Rast: »Eigentlich bedeutet demütig … irdisch oder erdig. … Es ist … mit ›human‹ und ›Humor‹ verwandt. Wenn wir die irdischen Qualitäten unserer menschlichen Kondition akzeptieren und annehmen (und ein bisschen Humor ist dabei durchaus hilfreich), dann werden wir feststellen, dass wir das mit demütigem Stolz tun. In den besten Augenblicken unseres Lebens ist Demut einfach ein Stolz, der zu dankbar ist, um auf jemanden herabzublicken.«[4]

Auch für die Vinzentinerin Schwester Teresa gehören Stolz und Demut zusammen. Aber, sagt die Ordensfrau mit Nachdruck: »Demut ist Humilitas! Das ist viel mehr als Dien-Mut, wovon immer so die Rede ist! Es geht um den Humus! Den Grund! Den Acker, aus dem wir geschaffen sind. So zu sein, wie wir sind, wenn nichts hinzugetan wird und nichts weggenommen.«

Sie sagt diese Sätze, als ich sie zwischen Tür und Angel ihres Klosters nach der Demut frage. Und ich merke: Das ist die Richtung, in die mein Suchen geht. Das sind Worte, die mir vom Hirn schnell ins Herz rutschen: »… so sein, wie wir sind, wenn nichts hinzugetan wird und nichts weg-genommen«. Nur: Geht das? Wir sind doch immer schon Geprägte, werden andauernd verändert, das Leben wirkt ja permanent auf uns ein, von Anfang an. Später haben Schwester Teresa und ich uns mit mehr Zeit über die De-mut unterhalten, das Gespräch können Sie am Ende des Buches nachlesen.

Demut ist Bodenhaftung. Der Boden, die Erde ist be-wohnt von Organismen, Bodenbakterien, die permanent alles stofflich umbauen. Humus ist Stoffwechsel. Humus lebt. Jede Bäuerin, jeder Gärtner weiß, wie kostbar Humus ist und wie fruchtbar die Saat in guter Erde gedeiht. Und wer dem menschlichen Humus erfahrbar begegnet, also seiner, ihrer eigenen Erdhaftigkeit, der Wahrheit also, dass ich von Erde genommen bin und wieder zu Erde werde, weiß: Der Weg dieses Wissens aus dem Kopf ins Herz ist nicht leicht.[5]

Vom kognitiven zum erfahrenen Wissen geht es über fruchtbare, schmerzhafte, kreative und zugerümpelte Stre-cken, durch strotzende, kranke, blühende, verlassene, wu-chernde, zugemüllte Seelenlandschaften. Es bleibt wohl nicht aus, dass ich auf dem Weg der Humilitas nicht nur meinen Sternenstaub-Wunderbarkeiten, sondern auch meinem Psycho-Schrott und Seelen-Mist begegne, alten Wunden und inneren Verirrungen, und mich fragen muss: Was mache ich damit?

Der Theologe und Mystiker Johannes Tauler plädiert dafür, den eigenen Psycho-Mist als Demutsdünger zu verwenden: »Das Pferd macht im Stall den Mist, und wiewohl der Mist Unflat und Gestank an sich hat, zieht dasselbe Pferd denselben Mist mit großer Anstrengung auf das Feld, und daraus wächst edler, schöner Weizen und der edle, süße Wein, der niemals so wachsen würde, wäre der Mist nicht da. – Ebenso trage deinen Mist – das sind deine eigenen Schwächen, mit denen du nicht fertig werden, die du nicht ablegen und überwinden kannst – mit Anstrengung und Fleiß auf den Acker des liebevollen Gottes und breite den Mist auf das edle Feld: ohne Zweifel wächst daraus in demütiger Gelassenheit edle, wonnigliche Frucht.«[6]

Humilitas ist die Demut, die sich kognitiv, aber auch auf der Ebene der Erfahrung, des Erlebens der eigenen Erdhaftigkeit gewahr ist: dass ich von der Erde genommen bin und wieder Erde werde, dass ich Mensch bin aus Fleisch und Blut, mit Trieben, vitalen Bedürfnissen, Ideen und Erkenntnissen, wunderbaren und verdrehten Eigenschaften, mit Prägungen, Schwächen, Stärken. Demut als Seelenstoffwechsel und existenzielle Mikrobiologie und im Bewusstsein dauernder Umwandlung ist Hingabe an und Vertrauen in Prozesse, Wirkungen und Mächte, die ich nicht selbst bewirken, denen ich aber den Boden bereiten kann. Umgraben, Durchpflügen, Regenwürmer retten, Sauerstoff ranlassen, manches im Dunkeln lassen. Via purgativa nennt das die christliche Mystik: Reinigungsweg. Aufräumen in der Seele. Oder: kennenlernen, was da alles rumliegt.

Humilitas ist der Blick in den nächtlichen Himmel, Sinn und Geschmack fürs Verwobensein mit dem Unendlichen. Wir haben, so sagt es der Religionsphilosoph Martin Buber, »zugleich und in einem teil an der Endlichkeit und an dem Unendlichen«. Martin Buber denkt natürlich viel genauer und feiner, als ich es hier tue und jemals könnte. Ich finde es ganz schlicht atemberaubend, dass wir beides sind: Himmelswesen und Erdwesen. Staub und Gold. Wir tragen Dreck unter den Fingernägeln und haben Atome in uns, die in der Milchstraße entstanden sind; den Sauerstoff, den wir atmen, hat einst ein Stern erzeugt. »Wir sind«, schreibt der Astrophysiker Arnold Benz, »direkt mit der Sternenentwicklung verbunden und selbst ein Teil der kosmischen Geschichte.«[7]

Wenn Demut mich zum Humus und zu den Sternen führt, dann hat sie zu tun mit dem Wissen, dass der eigene Platz nicht der Nabel der Welt ist. Aber auch nicht die Gosse, wie die unselige Geschichte der Demut glauben machen könnte. Demut ist nicht demütigend und erniedrigend, wie die Kirchen es ihren Schäfchen lange erzählt und vorgemacht haben. Aber die Demut kennt den eigenen Platz. Und der ist da, wo wir wie Bodenbakterien, auf die je eigene Weise, mit dem je eigenen Glanz und Vermögen Wachstum und Wandlung, Lebensimpulse wahrnehmen und fördern und zum Leuchten bringen – in der Lehre, in der Familie, der Politik, der Liebe, in der Kunst.

Demut heißt, ich weiß:

Wenn ich atme,

atme ich die Schöpfung

eines Sterns ein.

GRANDEZZA

Grandezza ... ich muss das Wort nur hören und sehe vor mir die anmutige, majestätisch-entspannte Würde italienischer Diven: Claudia Cardinale, Sophia Loren, Monica Bellucci. Rasant, fantastisch, betörend, die Lidstriche, die Dekolletés und Kompilationen konvex-konkaver Kurven. Diven, Göttliche sind sie jedoch nicht wegen dieser Insignien. Vielmehr tragen sie diese kraft ihrer Eleganz und Würde so, dass ihre Persönlichkeit durch all das Chichi hindurchstrahlt.

Die klösterliche Demut kommt, das versteht sich von selbst, ohne Chichi daher. Ungeschminkt, in grauem Wollkleid. Aber nicht weniger aufregend. Im Gegenteil. Die Grandezza der Demut ist so atemberaubend, weil sie genau dies gar nicht beabsichtigt: atemberaubend zu sein. Sie ist absichtslos, was ihre äußere Wirkung betrifft. Sie ist unabhängig von zeitgeistigen Bemühungen. Sie erwächst innerer Freiheit und Souveränität. Das hat Größe, ohne dass es ums Großsein ginge. Mit der Grandezza der Diven hat die Demut vielleicht dies gemein: durchscheinen lassen. Und mit gelassener Würde tragen, was mehr und größer ist als man selbst. Geschenke des Lebens. Schönheit. Sinnlichkeit. Lebendigkeit.

Mir ist die Demut in solcher Eleganz und Kraft oft in Gestalt von Menschen in den Weg getreten, die in fast jeder Hinsicht anders leben, als die meisten von uns es tun. Frauen und Männer, die entschieden haben, ihr Leben in klösterlicher Gemeinschaft zu leben. Sie haben Armut, Keuschheit und Gehorsam gelobt. Anders, als man meinen könnte, habe ich sie überhaupt nicht als lebensfremd empfunden, sondern im Gegenteil als sehr innig am Leben dran, als engagiert, manchmal weise. Und oft als ausgesprochen humorvoll.

Die Demut tritt mir immer wieder mit Grandezza in den Weg. Einmal passierte es unter einem Apfelbaum. Einer von vielen auf einer großen Wiese, die zu einem Kloster gehört. Seine reifen Früchte ziehen die Zweige fast bis zum Boden. Milde Nachmittagssonne und satte Augustluft. Ich stelle Fragen für ein Interview, dabei ernten wir Äpfel. Sie: Ordensfrau, die Haare unterm Schleier, das Ordenskleid aus dünnem grauem Wollstoff, schmucklos und praktisch wie die hellbraunen Halbschuhe. Und ich merke schnell: Ich interviewe hier nicht nur. Hier passiert gerade was mit mir. Ich habe ja selbst, abseits des Interviews, so tief brennende Fragen. Und ich wittere die Antworten in dieser Frau.

Etwas an ihr trifft mich. Ich kann gar nicht sagen, was genau es ist, aber etwas an ihr trifft mich so, dass es richtig wehtut. Das beabsichtigt sie natürlich nicht, und ob sie etwas von dem bemerkt, was in mir vorgeht – keine Ahnung. Sie tritt unprätentiös, bodenständig und bescheiden auf. Obwohl: Sie *tritt nicht auf*, sie *ist*. Sie hat etwas absichtslos Leuchtendes. Durchscheinend. Durchschienen. Von etwas. Lacht. Viel. Aus der Tiefe mit voller Stimme, frei, erfüllt, ansteckend. Zwischendurch beißen wir in Äpfel.

Sie ist angekommen, sagt sie. In diesem Kloster, in dieser Gemeinschaft, im Glauben. Sie weiß sich getragen und geborgen im Glauben. Sie sagt »Glauben«, nicht »Gott«, fällt mir auf. Vielleicht, weil ein Verb passender ist als ein Substantiv für das, was sie meint. Weil es mit einem Weg zu tun hat, den sie geht, immer noch und immer weiter. Weil es um etwas sehr Lebendiges und Bewegtes geht.

Ich war damals bis in die hintersten Zipfel meiner Zellen angefasst von dieser Begegnung. Von der Ausstrahlung, der Haltung, die sich hier ausdrückte. Und von dem, was sie sagte. Dann wurde ich traurig. Weil ich seit einem halben Jahrhundert mit dieser immer wiederkehrenden Melancholie durchs Leben lief. Heim- und Fernweh zugleich, ohne zu wissen, nach wo, nach was. Nach Irgendwieirgendwoankommen – und nicht wissen, wie das gehen soll. Aber auch nach Intensität und Begegnung und Sinn und Wissenwollen, was ich hier soll auf der Welt.

Diese Frau und viele ihrer Ordensschwestern erschienen mir wie der lebende Beweis, dass das möglich war: Irgendwieirgendwoankommen, ohne dabei stillzustehen, sondern ganz lebendig zu bleiben. Aber wo lernt man das und wie? Muss ich dazu ins Kloster gehen? Immerhin habe ich ja eine große Sympathie für Klöster und das Ordensleben. Als Kind bin ich durch das Kloster des Dorfes getobt, in dem wir lebten. Ich liebte diese langen Gänge und hohen Gewölbe, erhaben, geheimnisvoll und doch bergend, so empfinde ich es bis heute. Aber ein Ordensleben? Das ist nicht mein Weg, dessen bin ich mir zu 99 Prozent sicher. 100 Prozent. Manchmal ganz kurz 25 Prozent.

Dass das, was mich hier so ansprang, mit Demut zu tun haben könnte, war zum Zeitpunkt der Begegnung unterm Apfelbaum nur eine Vermutung. Dass die Lebensform der Schwestern in einer Ordensgemeinschaft etwas Dienendes und Demütiges hat, ist offensichtlich: Dienst an der Gemeinschaft, an einem Leben ganz und gar aus dem Glauben heraus und auf ihn hin, an den Menschen, für die sie da sind in ihren vielfältigen Aufgaben, in der Entwicklungshilfe, in Krankenhäusern, Schulen und Pflegeheimen.

Und so hatte ich mir Demut immer übersetzt: als Dien-Mut. Also die Bereitschaft, sich selbst zurückzunehmen im Dienst für eine Sache. Sich in den Dienst einer Aufgabe, Vision zu stellen. Aber hier merkte ich: Demut ist mehr. Das wurde mir in diesem Kloster deutlich, ohne dass ich konkret fassen konnte, was es ist. Ungefähr so etwas wie eine Grundhaltung dem Leben gegenüber, die mit Hingabe, Inbrunst, Wahrhaftigkeit und wohl auch mit Disziplin zu tun zu haben schien.

In Gesprächen mit Ordensmenschen habe ich verstanden, dass ihnen diese Lebenshaltung, dieses Erfüllt- und Getragensein nicht in den Schoß gefallen ist. Vielmehr ist es ein Weg. Ein Weg, der mit einer großen Lebensentscheidung beginnt, auf dem Durststrecken zu überstehen sind und auf dem Brocken und Steine rumliegen, die weggeräumt oder umschifft werden müssen. Mehr Marathon, Schweiß und Abenteuer, als man zunächst vermuten könnte. Ein Weg, der alternativlos scheint, wenn es darum geht, das unfassbare Riesengeschenk dieses Lebens so sehr anzunehmen, wie es nur geht. Und inzwischen bin ich sicher: Demut ist angemessene Antwort auf dieses Lebensgeschenk.

Demut heißt für mich, immer mehr die zu werden, als die ich mir geschenkt wurde. Und mich mit meinem ganzen geschenkten Ich und Sein dem Leben und Lebendigen hin- und anheimzugeben.

Demut heißt, beschenkt
und durchströmt zu sein.
Gelassene Grandezza.

WURSTBROT

Helge Schneider muss nicht lange überlegen. »Das Wichtigste: Ich habe Bilder von meinem Frühstück jetzt im Kopf. Ich hatte so 'ne Scheibe Walnussbrot mit Butter und 'ner Scheibe Bergsalami. Das war mir sofort dann spontan in den Kopf gekommen, als du mich gefragt hast, was das Wichtigste ist.«

Das vermutlich einzige Mal, dass Helge Schneider nicht improvisiert hat, war möglicherweise bei seiner Geburt, heißt es im Videobeitrag. Und dass er seine Instrumente spielen, nicht beherrschen will. Zu Beginn des kurzen Films sagt er: »Das Geheimnis eines fröhlichen Lebens, das ist die Fähigkeit, sich selber zu verlassen, sich aus einer anderen Sicht zu sehen, auch nur als Sandkorn im Gefüge.«[8]

Sieh an! Das Geheimnis der Fröhlichkeit ist dasselbe wie das der Demut. Das hätte ich nicht gedacht. Aber dann erscheint es mir doch ganz plausibel, dass ausgerechnet ein Meister des Absurden sich – absichtlich oder aus Versehen – mit der Demut auskennt. Humor bildet sich aus Humilitas. Lachen wie Weinen sind Humilitas-Reaktionen, die zeigen, dass wir an eine Grenze unseres Vermögens oder Verstehens kommen. Das kann zum Heulen oder Lachen bringen. Weinen ist nur scheinbar das Gegenteil des Lachens, oft geht beides ineinander über, freuen können wir uns lachend oder weinend, und ich erinnere mich, mit geliebten Leuten Tränen gelacht zu haben mitten in akuter Trauer.

Den Unterschied zwischen Lachen und Weinen findet die Philosophin Heidemarie Bennent-Vahle in der Nähe beziehungsweise Distanz zum Erlebten: Das Lachen ist als Betrachten einer Situation von außen, das Weinen dagegen als Ergebenheit in die Situation zu verstehen: »Hier vollzieht sich ein Akt der Kapitulation, ein Sich-besiegt-Geben, ein innerliches Loslassen und damit ein Sich-selbst-Überantworten an den leiblichen Vorgang des Weinens«, erklärt Bennent-Vahle. »Anders als beim Lachausbruch distanziert sich die Person nicht von der jeweiligen Situation. Sie stößt das Erlebte nicht ab, erhebt sich nicht lachend darüber, sondern lässt sich ganz und gar erfassen und durchziehen.«[9] Und gar nicht so selten liegen lachende Distanz und weinende Ergebenheit nur Millisekunden-Bruchteile voneinander entfernt.

Dem Absurden wie Ernsten, dem Komischen wie Tragischen liegen Humilitas-Erfahrungen zugrunde. Sandkorn-Bewusstsein. Sich als kleinen Teil eines großen Ganzen begreifen und die Fähigkeit, in Abstand zu sich selbst gehen zu können. Sich selbst nicht zu ernst zu nehmen und zugleich sich mit dem eigenen Vermögen in den Dienst einer Sache zu stellen, ganz in die Hingabe zu gehen. Das kann auch die Hingabe an den Moment sein. Wie in der l'art pour l'art. Ich muss an einen meiner Lieblingskünstler denken: Philippe Petit. Er ist Hochseilartist und wurde berühmt, als er in den 70er-Jahren illegal ein Seil zwischen den frisch errichteten Türmen des World Trade Centers anbrachte und darauf balancierte. In 417 Metern Höhe, ohne Netz. Er balancierte achtmal hin und her. Als Polizisten ihm vom Turm aus befahlen, das Ganze zu stoppen, lachte er, kehrte auf dem Seil um und balancierte weiter. Niemand konnte ihn hindern. Welche Freiheit! Aber: Eine falsche Bewegung, und er wäre in die Tiefe gefallen. Jeder Schritt ein Drahtseilakt zwischen Freiheit und Lebensgefahr, ein fantastischer Tanz für die Kostbarkeit jeden Augenblicks. Später wurde er gefragt: »Why? Warum? Warum haben Sie das getan?« Petit lächelte nur und sagte: »There is no why.« Ein Kunstwerk ohne Warum. Es gibt keinen Zweck. »Das ist ja das Schöne daran«, sagt er, »es gab für mich nie ein Warum.«

In der l'art pour l'art gibt es keinen Zweck, nur den Moment. Und das Staunen darüber und Feiern dessen, was aus der Freiheit des Augenblicks geschieht. Klang, Bewegung, Farbe, Unfug, Form und der Geschmack von Walnussbrot mit Bergsalami. Vielleicht ist das Geheimnis Philippe Petits, dass er die zweckbesessene Beschleunigung des Alltags für einen Augenblick ausbremst und sein Leben für die Schönheit einer Wirklichkeit gewordenen Vision aufs

Spiel setzt. Er tanzt den Himmel auf die Erde. Vielleicht ist das Geheimnis Helge Schneiders, dass er aus einem Sandkornbewusstsein die Freiheit generiert, ein je einmaliges, anarchisch-ultimativ-freies performatives Resonanzfeld zu schaffen, und sei es, dass er darüber singt, dass er mal wieder nicht ans Telefon geht. Da braucht es kein Warum.

Wie Helge Schneider wirklich komisch zu sein, ist Kunst. Selbst Gegenstand eines Witzes zu sein, ist Demutsübung. Das geht nur, wenn ich mich selbst nicht zu wichtig nehme. Und selten habe ich so viel Humor über sich selbst und das eigene Menschsein erlebt, so wenig Sorge, sich einen Zacken aus der Krone zu brechen, so freies, offenes, ansteckendes Lachen wie in Klöstern. Dabei muss man nicht zwingend so weit gehen wie der franziskanische Mystiker Jacopone da Todi, der nackt, mit Teer und Federn geschmückt und einem Zaumzeug im Mund aufzutreten pflegte.[10]

»Der Witz ist die letzte Waffe des Wehrlosen«, sagt Sigmund Freud. Humor hat subversive Kraft. Er sticht spitz in die Blase von Dünkel und Eitelkeit. Darum ist Humor der kleine Bruder der Demut. Ein kritisches Element: »Institutionen und Expert:innen, die Macht über die Seelen und das Heil beanspruchen, brauchen dieses Korrektiv des Lächerlichen, um nicht in Allmachtsphantasien zu verfallen oder sich des Hochmuts schuldig zu machen«,[11] sagt die Religionswissenschaftlerin Theresia Heimerl.

Die eigene menschliche Desorganisation, Tollpatschigkeit und Chaosbegabung zu erkennen, bewahrt vor Hochmut und Machtmissbrauch. Es hatte seinen Grund, dass die Kirche jahrhundertelang ihre Humorfeindlichkeit kultivierte – großartig von Umberto Eco in »Der Name der Rose« erzählt: Wer das verbotene und versteckte Buch Aristoteles' über den Humor und die Komödie berührte, starb. Es wurde vergiftet. Humor war Verschlusssache und wurde lebensgefährlich. Und wir wissen: Die Humorlosigkeit fanatischer Menschen bedeutet auch diesseits der Buchdeckel und Kinoleinwand tödliche Gefahr – nicht nur für Zeichner und Redakteure von Satiremagazinen.

Sein Witz übertreffe an Dimension sogar seinen Bauch, soll Kurt Tucholsky über seinen Kollegen, den Schriftsteller Gilbert K. Chesterton, gesagt haben. Und das will was heißen. Der Erfinder von Pater Brown, streitbarer Katholik und leidenschaftlicher Kämpfer für soziale Gerechtigkeit, war *beer and beef* als dem Recht des kleinen Mannes herzlich zugetan. Chesterton hat eines meiner am meisten lieb gewordenen Bücher geschrieben: »Verteidigung der Demut, des Unsinns, des Schundromans und anderer mißachteter Dinge« – einer der großartigsten Buchtitel überhaupt! Darin verteidigt er in großer Ernsthaftigkeit und Tiefe das Absurde und den Unsinn. Es gelingt Chesterton zu zeigen, wie nah Humor oder das Absurde und die Ehrfurcht beieinanderliegen. So verteidigt er nicht nur Geripppe, die einfache Volkssprache und unüberlegte Gelübde, sondern auch die Demut und findet in einem Kinderbuch ein passendes Symbol für diese: den Punkt. Der Punkt, der keinen Raum einnimmt und nicht in Teile zerlegbar ist.

»Die Demut ist jene luxuriöse Kunst, sich selbst zu einem Punkt zu reduzieren, nicht zu einem großen oder kleinen Ding, sondern zu einem Ding, das überhaupt des Umfanges entbehrt, so daß, mit ihm verglichen, alle kosmischen Dinge das sind, was sie wirklich sind – von maßloser Größe. Daß die Bäume hoch sind und die Gräser kurz ist reiner Zufall; es gilt nur in Bezug auf unseren eigenen Maßstab. Aber für den, welcher, auch nur einen Augenblick dieses müßigen Maßstabes sich entledigen konnte, wird das Gras zum ewigen Wald, (…) die Blüten des Löwenzahns werden zu gigantischen, weithin leuchtenden Freudenfeuern, und die Maßliebchen auf ihren Stengeln zu Himmelssternen.«[12]

Staunen und ehrfürchtiges Niederknien vor der bombastischen Schönheit der Schöpfung, die aus der Perspektive der Demut überwältigend ist und jedem ihrer Teile deutlich macht, dass sie Teile sind, Sandkörner, Punkte, jedes, jeder für sich klein und großartig zugleich.

In der Ehrfurcht erlebe ich die
Größe des Lebensgeschenkes.
Und die Antwort darauf
kann gar keine andere sein
als Hingabe seiner selbst
an das große
Lebensgewebe.

Chesterton findet es »bezeichnend, dass in dem größten religiösen Dichterwerk, dem Buch Hiob, nicht dasjenige Argument überzeugend auf den Gottlosen wirkt, das die Schöpfung als ein planvoll wohlgeordnetes Werk darstellt, sondern im Gegenteil ein Bild ihrer ungeheuren rätselhaften Sinnlosigkeit entwirft.«[13] Es ist das Staunen über die Formung und Gestaltung der Welt und alles Lebenden, die unser intellektuelles Verstehen so namenlos überschreitet, dass wir gleichzeitig lachend und weinend vor ihr auf die Knie gehen müssen. Das ist das Initial von Demut und die Grundlage des Unsinns.

Unsere Intellektualität und Verstandeskraft kann nur in Ehrfurcht niederknien angesichts der Kostbarkeit und Zerbrechlichkeit und, ja, auch Schrecklichkeit der Schöpfung und der erschütternden Erkenntnis, dass alles in einem Augenblick zerstört werden kann.

Wenn ich in den Nachthimmel schaue, legt sich die Demut warm und leicht um meine Schultern. Ich bin Punkt im Universum, und es ist okay. Durch meine Bronchien fließen, auf meiner Zunge liegen »Sinn und Geschmack für das Unendliche«. So hat es der Theologe Friedrich Schleiermacher genannt und meinte das Gefühl für die Lebendigkeit und Schönheit des Kosmos, in den wir eingebettet sind. Das ist der Funken, an dem meine Religion sich entzündet. Und ich würde sagen: auch die Demut. Vielleicht ist die Demut als Reaktion auf die Erhabenheit von Kosmos, Leben und Welt so etwas wie die allererste überwältigte Urbewegung der Seele, so etwas wie die innere Ursprungsbewegung von Religiosität, Frömmigkeit, Spiritualität. Für mich ist es so.

Die Demut überfällt mich, schockiert mich in den Bergen, wenn ich von einem Hang rüber übers Tal zum andern gegenüber schaue. Dann wäre es erschreckend okay, hier und jetzt zu Humus zu werden und in die Ewigkeit einzugehen. Dann bin ich unhinterfragbar Wurstbrot angesichts steinerner Äonen und Ewigkeiten. Und es ist okay.

Manchmal am Meer rollt mir die Demut als schwere Blei-kugel durch Herz und Torso und drückt mir Angst in die Adern. Davor, wegzufließen, mich zu verlieren, weg-gerissen und verschluckt zu werden. Dann will ich nicht Sandkorn sein und fühle doch, dass ich es bin.

Es tut mir weh, fast immer, wenn ich Nachrichten lese und schaue und mich manchmal nicht wappnen kann – dann fühle ich das wechselseitige Verwobensein des Lebens und dass das Lebensgewebe überall mitbebt, wenn es an irgendeiner Stelle erschüttert wird.

Doch die härteste Übung ist der Alltag. Morgens, wenn alles auf einmal passieren muss, Frühstücksbrote schmie-ren, Laptop und Kalender einpacken, Büroschlüssel su-chen, und um halb acht kippe ich mir Kaffee auf die Bluse und sind die Fahrradreifen der Tochter platt und die Luft-pumpe verschollen. Da habe ich keinen Abstand zu gar nichts, und mein Sandkorn-Ich schwillt an zu einer me-ckernden Furie. In Sitzungen, Besprechungen, Eltern-abenden …, im Streit mit Kindern, Mann, Familie – manchmal merke ich nur noch meine Nichtbereitschaft, in den Abstand zu mir selbst zu gehen und zu versuchen zu verstehen – aber genau das wäre es, das wäre ein Hauch von Demut in der Begegnung zwischen Sandkörnern und Sandkörnern.

»Aber die türmende und glühende Vision, wie sie wirklich sind: die gigantischen Maßliebchen, der feurige Löwenzahn, die ganze Odyssee seltsam farbiger Ozeane und phantastischer Bäume – diese ganze ungeheure Vision wird zerrinnen mit dem letzten demütigen Menschen«,[14] schreibt Chesterton.

Und ich frage mich, ob das dann auch für den Humor gilt.

AUGENBLICK

Von unserer Sterblichkeit her fragen wir Menschen nach dem Sinn des Lebens. Aus der Perspektive des Todes fragen wir über uns selbst hinaus. Doch auch aus der Perspektive der Geburt ergeben sich ähnliche Fragen.

Angesichts des Wunders einer Geburt fragen wir nach Ursprung und Ziel, Sinn oder Zufälligkeit des Lebens, nach dem, was die individuelle Identität und das eigene Leben begründet und übersteigt. Geborenwerden und Sterben haben in der Ähnlichkeit ihrer Fragestellungen jedoch eine vollkommen konträre Dynamik. Vom Sterben her zu denken oder zu leben, bedeutet, auf etwas hin zu leben. Die Sinnfrage stellt sich aus dieser Perspektive als eine Frage des Wozu oder Woraufhin des Lebens.

Aus der Perspektive des Todes ist
das Leben abschiedliches Leben.
Vom Geborenwerden her zu
denken und zu leben, bedeutet,
von etwas auszugehen, von etwas
herzukommen, sich zu verdanken.[15]

Aus dieser Perspektive ist das Leben begrüßendes Leben. Aus welcher Perspektive ein Mensch lebt, macht im Lebensgefühl einen feinen Unterschied, der deutlich werden mag an den Fragen: Wie würde ich leben, wenn heute der letzte Tag meines Lebens wäre? Wie würde ich leben, wenn heute der erste Tag meines Lebens wäre? Vielleicht wäre die Party dieselbe, die Menschen, die Umarmungen und Küsse, Gebete und stillen Ecken, die ich aufsuchen würde.

Nach der Geburt eines Menschen und nach dem Tod eines Menschen scheint die Zeit für Momente stehen zu bleiben. Nichts ist, wie es bisher war. Die Welt ist eine andere geworden. Es ist wohl so etwas wie ein ontologischer Schock, wie es der Theologe Paul Tillich genannt hat. Schockartig wird die Nicht-Selbstverständlichkeit des Lebens, die Möglichkeit des Nicht-Seins, die Verdanktheit und Unverfügbarkeit des Lebens auf einer tieferen als der kognitiven Ebene bewusst.[16] Mit dem Sterben oder dem Tod eines geliebten Menschen zu leben, ist für manche nur aushaltbar durch die Wahrnehmung des Augenblicks: Was ist jetzt? Was empfinde ich in diesem Augenblick? Wie fühlt sich der Kontakt zu meinem – lebenden oder verstorbenen – Menschen in diesem Moment an? Was ist jetzt zu tun und zu lassen?

Im Leben mit meiner lebensbegrenzt erkrankten Tochter fielen mir begrüßendes und abschiedliches Leben zusammen: Gerade geboren, war sie ständige Grenzgängerin zwischen Leben und Tod. Beides in Gleichzeitigkeit zu erleben, das erzeugte in seinem Paradox eine intensive innere Spannung. Für mich aushaltbar nur in einer Art Zeitlosigkeit oder in der Synthese beider Haltungen: Leben im Augenblick.

Geburt und Tod unterbrechen den alltäglichen Fluss des Zeitkontinuums. Beide sind Kairos, eine eigene Qualität der Zeit. Ein Augenblick, der sich nicht innerhalb der horizontalen Zeitschiene zu ereignen scheint, sondern so erlebt wird, als würde er vertikal in den chronologischen Lauf der Zeit einbrechen. Ihn für einen Moment anhalten. Und in Richtung Ewigkeit öffnen.

Im Augenblick begegnet uns Ewiges.
Zeitloses.

Im Modus des Kairos ist Vergangenes und Zukünftiges, Diesseitiges und Jenseitiges, Zeitliches und Ewiges aufgehoben in absolute Gegenwärtigkeit:

Mein sind die Jahre nicht,
die mir die Zeit genommen,
mein sind die Jahre nicht,
die etwa mögen kommen,
der Augenblick ist mein,
und nehm ich den in acht,
so ist der mein,
der Jahr und Ewigkeit gemacht. [17]

Von einem geliebten Menschen, einem Kind an die Grenze des Lebens geführt zu werden, lässt die Grenzen dessen berühren und überschreiten, was aushaltbar, was in Worte zu fassen ist, was bisher geglaubt und gehofft werden konnte. An der Uferlinie zwischen Leben und Sterben verblassen die vertrauten Markierungen des Lebens. Die gewohnten Kriterien und Kategorien des Wahrnehmens, Fühlens, Denkens, Urteilens greifen nicht mehr. Was sind Raum und Zeit? Was ist Schönheit? Was ist Wahrheit? Das Leben an seiner Grenze ist nackt und pur. Als mein Kind starb, galt nichts außer wahrhaftiger und echter Begegnung.[18]

Ich will sicher nicht behaupten, dass der Tod meiner Tochter mich zu einem demütigen Menschen gemacht habe. Aber ich meine, etwas von dem Moment der Demut erfahren zu haben, das der Ehrfurcht vor der Größe der Lebenswirklichkeit entspringt. Und die zeigt sich im Anfang und am Ende des Lebens in besonderer Klarheit.

Und so verstehe ich die Demut als tiefe Verwobenheit mit dem Leben, die in der Hingabe an den Augenblick das Leben feiert, in seinem Schmerz genauso wie in seiner Schönheit. An den Grenzen des Lebens und in der Hingabe an den Moment verschwimmen die Konturen zwischen Liebe, Schmerz und Tod.

ATMEN

ENTSCHÜTZT

Lösch die Lupinen!
Es kommen härtere Tage.[19]

Nicht vorstellbar, dass es härtere Tage für ihn geben könnte als den 7. Januar 2015: Der Journalist Philippe Lançon überlebte das Attentat auf das Redaktionsbüro von Charlie Hebdo schwer verletzt. In einem Interview Jahre später nennt er auf die Frage, ob er einen Zauberspruch oder eine Lieblingszeile habe, zwei Verse: die letzten Verse des Gedichts »Die gestundete Zeit« von Ingeborg Bachmann.[20] Vielleicht sollte man nicht zu viel deuten und hineinlegen. Aber ich kann die Verse nicht hören, ohne zu meinen, das Grauen mitzuhören, das Lançon erlebt hat. Ab dem Tag wusste er, ganz anders als davor, dass es jederzeit härter kommen kann, als es jemals vorstellbar war. Ab sofort bewegt sich das Leben auf Wund- und Narbengewebe.

Der Mann, der er vor dem Attentat war, sei tot, sagt er. Es gab ein ununterbrochenes Leben vor dem Anschlag. Und ein Sich-Abhandenkommen danach. »Der Fetzen« heißt das Buch, das er über diese Zeit geschrieben hat. Der Fetzen: So nennt er den zerschossenen Teil seines Ge-

sichts. Im Buch erzählt er von Operationen und Krankenhäusern, deren kahlen, kalten Gängen, seiner Verloren-
heit und Todesnähe. Seine damalige Frau war bei ihm:
»Auf einmal, im kahlsten Teil dieser Gänge, streichelte
und küsste sie meine Stirn. Später schrieb sie mir in ihrem
unorthodoxen Französisch, das mich immer gerührt und
dessen Geheimnis und Schlichtheit ich gern ergründet
hätte: ›Dabei musste ich an unsere Zärtlichkeiten denken,
als wir verheiratet waren. Zärtlichkeit war das einzige, was
uns erlaubt war, sie besänftigt die Müdigkeit. Außerdem
warst du so hilflos, verloren und entschützt, dass meine
Gesten ein einfaches Mittel waren, um dir Erleichterung
zu verschaffen.‹ Entschützt ist eine Wortschöpfung nach
dem spanischen Wort ›desprotegido‹, ohne Schutz. Vermutlich genau das richtige Wort.«[21] Ein Kuss auf die Stirn
in einem verlorenen Moment. Er verwundet, roh, entschützt. Sie ihm nah. Liebe und Demut einander nahe
darin, erschütterbar zu sein angesichts von Verwundung
und Zerrissenheit. Demutsvolle Liebe, die mitträgt, mit
aushält, da ist. Auch ohne eine Antwort auf das Warum.

Das ist das Teuflische am Terrorismus: dass er auf unsere
Verwundbarkeit zielt. Wo wir ungeschützt und ahnungs-
los sind, bei einer Redaktionsbesprechung, beim Feiern,
im Gebet – da schießen Terroristen mitten rein. Sie nutzen die Schutzlosigkeit aus und führen uns vor Augen, wie
grundlegend entschützt wir sind und wie ausgesetzt und
angewiesen darauf, dass wir es gut miteinander meinen.

How fragile we are.

Die Demut weiß es. Sie ist die

Tugend, die Haltung, die dieser

Wirklichkeit nicht ausweicht,

sie vielmehr mitträgt.

Lançon trug schon Jahre vor Corona eine Maske, um die Wunden und Narben seines Gesichts zu schützen. Im Coronajahr 2020 dann zitiert die Journalistin Carolin Emcke ihn in ihrem Corona-Journal. Emcke greift den Begriff »entschützt« auf, um zu beschreiben, was der pandemiebedingte Ausnahmezustand mit vielen von uns macht: Wir sind erschöpft und entschützt, und das bringt uns dazu, mehr als sonst an andere und für sie mitzudenken. Und auch mehr von uns selbst mitzuteilen: »Seit Wochen hat sich das Mit- und Hindenken vervielfacht, weil ich jetzt bei meinen Freund*innen auch von ihren älteren Geschwistern, ihren gebrechlichen Vätern oder arbeitenden Müttern erfahre. Das ist eine traurig-schöne Erweiterung.«[22]

Entschützt. Lançon und Emcke verwenden den Begriff nicht für dasselbe. Lançons Verwundetsein an Körper und

Seele durch die Gewalt eines Attentäters ist roh, zerrissen. Unser Angegriffensein durch die Pandemie ist schwerlich damit zu vergleichen. Und doch sind beides Erfahrungen von Schutzlosigkeit, Angreifbarsein, Ausgeliefertsein. Emcke beobachtet, dass das Ausgeliefertsein, das wir in der Pandemie erleben, eine Offenporigkeit bewirken kann, die dazu führt, sich zu zeigen, sich mitzuteilen und auch mit anderen mitzufühlen, mehr als vorher. Wir sind aufeinander angewiesen.

Jedes Attentat, aber auch jede Pandemie zeigt uns gnadenlos unsere Verletzbarkeit. In den Momenten, in denen diese Erkenntnis uns trifft, sind wir pur, bloß und entschützt. Ein Zustand, der uns ungewohnt ist. Und bedrohlich. Auch ohne angedrohte Gewalt. Auch mitten im banalen Alltag. Es taugt nicht, sich entschützt zu fühlen, wenn ich in Konferenzen Projekte verteidigen muss. Mein Alltagstempo kann ich nur halten, wenn ich zwischendurch nicht allzu viel von meiner Empfindsamkeit spüre. Wenn ich zwischen Schreibtisch, Fitnessstudio – beziehungsweise dem nicht umgesetzten Plan, dorthin zu gehen –, Rasen mähen, das Kind unregelmäßige Verben abfragen und schnell vor dem Wäscheaufhängen noch den Müll an die Straße stellen einfach funktionieren muss, kann mir jede Verletzbarkeit gestohlen bleiben. Ach, überhaupt kann sie das. Wenn sich Monster und Dämonen namens Selbstzweifel, Weltschmerz oder Sinnlosigkeit aus meinen Untiefen wagen, bin ich froh, wenn ich einen Gullideckel auf den ganzen Mist legen kann.

Schutzlossein stört.

Aber es gibt auch die andere Seite. Die Fähigkeit oder
Bereitschaft, schutzlos und verletzbar zu sein, ist der Kern
unserer Beziehungs- und Liebesfähigkeit. Gegenüber uns
selbst, anderen Menschen und unserer Mitwelt. Liebe und
Beziehung setzen voraus, dass ich berührbar bin, emotio-
nale Krusten ablegen und unter den seelischen Gullideckel
gucken kann. Und auch, dass ich bereit bin, mich in der
Liebe selbst aufs Spiel zu setzen und in Kauf zu nehmen,
verletzt werden zu können. Wenn wir nicht schutzlos oder
verletzbar sein können, weil wir uns seelisch verpanzern
müssen, können wir uns nicht mit uns selbst, mit anderen und mit der Welt, mit dem Leben verbunden fühlen.
Wenn wir nicht verletzbar und erschütterbar sein können, können wir kein Mitgefühl empfinden. Unsere Erschütterbarkeit macht uns menschlich, berührbar, liebes-
fähig, empathiefähig.

Die Demut nun ist eine Beziehungstugend. Sie entspringt
der Erschütterung, die uns ergreift, wenn uns unsere Humilitas, also unsere Endlichket und Verletzlichkeit, bewusst wird. Und hält uns erschütterbar und offenporig,
in lebendigem Verwobensein mit unserer Mitwelt. So ist
die Demut zuerst eine Reaktion und dann eine sich daraus
entwickelnde Haltung.

Die kollektive Erfahrung von Verletzlichkeit, die Corona uns allen, quer durch alle sozialen Gruppen und ge-

sellschaftlichen Unterschiede hindurch beschert: Vielleicht führt die sogar heraus aus dieser Periode von Egoismen, individueller wie nationaler, in der wir uns befinden. Jedenfalls hofft das der Soziologe Heinz Bude: »Im neoliberalen Weltbild ist Solidarität etwas für die anderen, die nicht für sich selber sorgen können und denen es an den Kompetenzen für eine autonome Lebensführung mangelt. Heute bedürfen wir alle der Solidarität. Weil auch die Stärksten und Schlauesten sich nicht allein retten können. Das Coronavirus stellt uns auf besonders intensive Weise unsere Verwundbarkeit an Leib und Seele und unsere Angewiesenheit auf andere vor Augen. Damit hat sich die neoliberale Hybris erledigt.«[23]

FRAGEZEICHENMENSCHEN

»Ich habe viele Fragen«, schrieb er. »Wann oder wie oder wo formt sich das Gefühl? Wie darf ich mir Ihre Tage vorstellen? Was bewegt Sie? Wie ist es zu Ihrem Beruf gekommen? Ist Gott unrasiert? Was begeistert Sie an Ihrem Tun? Wobei vergessen Sie die Zeit? Wo verlieren Sie sich und fühlen sich dennoch geborgen? Können Sie Heiligabend zur Ruhe kommen? Wenn Sie alles Lästige wegschieben können, bleibt beim Rest genug Strahlkraft? Fühlen Sie Dankbarkeit vor Erntedank oder rufen Sie aus Gewohnheit und Professionalität etwas ab?«

Es waren noch viel mehr Fragen, die er mir stellte. Und wir waren noch beim »Sie«, etwas absurd, so viel, wie wir uns schon gesagt und noch zu sagen hatten. Aber das Risiko, mich voraussichtlich unglücklich zu verlieben, wollte ich mir vom Hals halten und gern weiter wunderbare Gespräche führen – siezend in förmlicher Sympathie. Zugleich gehörte dies zum Schönsten, das mir je jemand geschrieben hatte. Warme Lichtkegel in Form von Fragen, freundlich-direkt, vorsichtig-zielgenau. Wir bemerkten eine gemeinsame Liebe für Fragen, die nicht geradeausdenkend zu beantworten sind. Marschiert neben mir ein

Geist? Ist meine Dummheit ein warmer Mantel? Steht Herr Wahnsinn vor der Tür? Wem gehört Paris? Soll ich aus wissenschaftlichen Gründen Drogen nehmen? Wundersam schöne Fragen wie die, die das Künstlerduo Peter Fischli und David Weiss in einem unserer liebsten Büchlein, »Findet mich das Glück?«, in weißen Buchstaben auf schwarzes Papier gekritzelt hat wie auf eine Tafel.

Inzwischen duzen wir uns, trinken denselben Kaffee und hören hoffentlich nie auf, (mit-)einander Fragen zu stellen.

Auf schmalem Grat

Ich stehe
auf schmalem Grat

gespannt
zwischen Himmel und Erde.

Aufrecht hält mich
ein Fragezeichen.[24]

Kein Rückgrat gleicht einem Ausrufezeichen. Lebens- und existenzanatomisch scheint ein Fragezeichen im Stützapparat nicht ganz verkehrt zu sein. Eine fragile, schwingende Stabilität.

Das Zauberhafte und Wundersame am Fragen ist ja, dass wir damit über uns selbst hinausgreifen, manchmal bis ins Universum hinein, in jedem Fall nach etwas, das wir (noch) nicht sind, wissen, begreifen, erkennen. Davon erzählt auch diese bekannte Begebenheit:

Ein junger Mann, Anfang des 20. Jahrhunderts, der eine Entscheidung fürs Leben treffen muss. Schriftsteller werden? Oder Offizier? Er ringt mit seiner Existenz: Was ist sein Sinn, seine Aufgabe in der Welt? Der junge Mann schreibt seine Fragen auf, in einem Brief an einen, der sich einfühlen kann und die Kunst beherrscht, seiner Empfindungskraft und Lebensweisheit in Worten Gestalt zu geben. Rainer-Maria Rilke schreibt an den Fragenden die berühmten Zeilen: »… ich möchte Sie, so gut ich es kann, bitten, lieber Herr: Geduld zu haben gegen alles Ungelöste in Ihrem Herzen und zu versuchen, die Fragen selbst lieb zu haben, wie verschlossene Stuben und wie Bücher, die in einer fremden Sprache geschrieben sind. Forschen Sie jetzt nicht nach den Antworten, die Ihnen nicht gegeben werden können, weil Sie sie jetzt nicht leben könnten. Und es handelt sich darum, alles zu leben. Leben Sie jetzt die Fragen. Vielleicht leben Sie dann allmählich, ohne es zu merken, eines fernen Tages in die Antworten hinein.«[25]

> Die Fragen leben – das ist die
> Demut, die um die Grenzen
> unseres Erkenntnisvermögens weiß
> und damit rechnet, dass es immer
> noch mehr gibt als das, was ich
> jetzt ermessen kann.

Allmählich, ohne es zu merken, eines fernen Tages in die Antworten hineinwachsen: Das ist die geduldige und vertrauensvolle Demut, die damit rechnet, dass unverfügbare Kräfte wirken und Prozesse reifen lassen. Die Demut rechnet damit, dass die Fragen »in ihren Tiefen ein eigenes Leben haben«.

Wir fragen nach dem Leben – aber das Leben fragt auch nach uns! Der Begründer der Existenzanalyse Viktor Frankl sieht es so: »Nicht wir dürfen nach dem Sinn des Lebens fragen – das Leben ist es, das Fragen stellt (...) Wir sind die, die da zu antworten haben, Antwort zu geben haben auf die ständige, stündliche Frage des Lebens, auf die ›Lebensfragen‹. Leben heißt Befragt-sein. All unser Sein ist nichts weiter als ein Antworten – ein Ver-Antworten des Lebens.«[26] Das Leben fragt, und wir leben die Antwort. Und wie das mit den Antworten auf die wirklich großen Fragen so ist, so ist das mit dem Leben: Mancher lebt druckreif. Ich lebe mit vielen »Ähhhms«, Gestottere, unausgegorenem Gefasel, stolpere über Zungenbrecher, und manchmal bin ich auch stumm und schwerhörig. Gelegentlich passiert mir mal ein passabler Satz.

Welche Frage stellt mir das Leben jetzt? Die Frage setzt mich in ein Verhältnis zur Welt, zum Leben, schützt mich vor dem Größenwahn zu meinen, alles selbst zu verantworten, und fordert mich zugleich zur Verantwortung heraus. Ich ver-antworte. Das dauert oft, bis ich die Frage verstehe. Manche Fragen verstehe ich überhaupt nicht und vielleicht niemals. Warum mein Kind starb. Bei anderen Fragen bin ich auf dem Weg, sie zu verstehen. Warum mir Panik so nah an der Liebe liegt. Warum ich mich manchmal so schutzlos fühle unter Menschen, als trüge ich Seelenhaut statt Jacke und Mantel.

Es gibt Fragen, die will ich nicht hören. Warum ich abstürze immer wieder, ins Bodenlose. Warum ich mich als Fragezeichenmensch empfinde und es mir unangenehm ist, dass mein Denken oft seltsame Kurven macht oder einfach langsam ist. Es muss immer erst mein Gefühl befragen, von dort aus wieder zurück ins Gehirn, und diese ganze Bewegung verläuft eben gekurvt wie ein Fragezeichen, verirrt sich unterwegs in Unsicherheiten, hakt sich in Zweifeln fest und hat auf jeden Fall nicht die geradlinige Stringenz eines Ausrufezeichens. Ausrufezeichen-menschen verunsichern mich mit ihrer Schnelligkeit und sicheren, klaren Meinung. Ich bewundere das, beneide das, aber habe eingesehen, mehr oder vor allem weniger, dass das bei mir anders ist. Warum ist das so?

Fragen verlangen eine Antwort – das Antworten beginnt in dem Moment, in dem ich die Frage als Anfrage an mich zulasse, egal, ob ich sie verstehe, ob sie mir gefällt oder nicht. Im selben Moment haben die Welt und ich (wieder) eine Geschichte miteinander. Im selben Moment, in dem ich bereit bin, mich als vom Leben angefragt zu verstehen, bin ich, um es mit Worten des Soziologen und Politik-wissenschaftlers Hartmut Rosa zu sagen, in einem »vibrie-renden Weltverhältnis« und bereit, mich »anverwandeln« zu lassen. Dann bin ich wie der Resonanzkörper eines Cel-los, der vibriert, wenn ein Bogen seine Saiten streicht. Wie die Stimmgabel, die in Schwingung gerät, wenn eine an-dere Stimmgabel klingt. Wie die Spinne, die genau spürt, wenn etwas ihr Netz berührt.

Und letztlich – es muss doch mehr als alles geben! – stellt sich die Frage wohl in eine noch viel unendlichere Weite hinein, so, wie es der Theologe Karl Rahner sagte:

In uns Menschen stellt
Gott die Frage nach sich
selber. Die Frage sind wir,
die Antwort ist er.
Das ist Demut.

Unter dem Signum des Fragezeichens wird die Demut davor bewahrt, in ihr Gegenteil, den Hochmut, die Arroganz, umzuschlagen. Demut lässt sich bewegen, hält berührbar, richtet auf, ist »Rückenschule«[27] für die innere und äußere Haltung. Dabei ist sie in erster Linie kein Verhalten. Sie kann Verhalten evozieren, das ja. Aber sie ist zuerst innere Reaktion auf die Erfahrung des Ewigen, auf den Geschmack des Unendlichen, auf die Berührung durch Göttliches. Demut hat der Mensch nicht, sondern er wird demütig.

Demut ist ein Geschehen,
eine Dynamik – also vielleicht
mehr Verb als Substantiv.

Sie fragt danach, wer ich im
Tiefsten eigentlich bin.

Sie berührt das gesamte Menschsein mit all seinen Daseinsfragen.

GIN UND GINLICHKEIT

Die weißen Fliesen an den Wänden lassen noch erkennen, dass hier früher mal eine Wäscherei war. Heute ist es eine Gin-Destillerie. Auf dem Dach und im Innenhof wachsen in großen Kübeln Lavendel, Melisse, Kamille, Sträucher und kleine Bäumchen: ein urbaner Mini-Dschungel. Wer die Räume betritt, muss unwillkürlich tief einatmen, es duftet angenehm herb nach Kräutern. Zwischen großen blauen Sofas und einem gusseisernen Ofen glänzen silberne Fässer und große bauchige Flaschen mit klarer und hellbrauner Flüssigkeit. Das Tageslicht fällt apart gestreift durch Jalousien auf große, an die Wand gelehnte goldgerahmte Porträts fremder Menschen, dazwischen stapeln sich auf dem Boden vergilbte Rollen von Landkarten und sammeln sich Flaschen in allen Formen, Farben und Größen. Flache Schalen halten mir getrocknete Kräuter wie in großen Händen hin. Es reihen sich Rücken schöner dicker Bücher über Pflanzenkunde, Architektur und Reisen aneinander. Ein bisschen mittelalterliches Alchemielabor, ein wenig Kuriositätenkabinett. Ein Raum voll Sinnlichkeit und Sinn: Hier, das ist unverkennbar, hat jemand seinen Traum und sich selbst verwirklicht. Das kann man einatmen wie den Kräuterduft.

Wer diesen Raum betritt, sagt »Oh« und »Ah« und zieht den Duft durch die Nase und staunt. Heute darf ich schnuppernd, schauend und schreibend hier sein. Ich mag es sehr, zum Schreiben an unterschiedliche Orte zu gehen. Zauberorte wie dieser, in denen man stöbern und Wundersames entdecken kann, haben etwas Zeitloses. Dieser Ort ist einmalig.

Einmaligkeit, Einzigartigkeit, Selbstverwirklichung – das sind hohe Werte unserer Gesellschaft. Auch meine. Ich finde das großartig! Einzigartig sein zu können ist Freiheit. Mich selbst erfinden und die Flexibilität meiner Identität ausdehnen. Ausprobieren: Was belebt mich, was fühlt sich stimmig an, wo stoße ich an Grenzen, wo überschreite ich sie …? Und dabei immer mehr die werden, die ich bin, wenn nichts hinzugetan wird und nichts hinweggenommen, wie Schwester Teresa sagte. Oder die, die ich wesentlich bin. Die kann ich in ganz unterschiedlichen Lebensentwürfen sein. Mit oder ohne Gin. Die Gestalt, die ich meinem Leben gebe, ist nur die äußere Form. Die kann passen oder kneifen, stimmig oder schräg sein, aber sie ist nicht entscheidend. Entscheidend ist nicht, ob ich eine Gin-Destillerie aufbaue oder ins Kloster eintrete oder ein Buch schreibe oder meinen Kindern Butterbrote schmiere. Entscheidend ist, wie ich dies fülle, wie ich anwesend bin darin und wie ich in Beziehung mit meiner Mitwelt und mir selbst bin.

Für einen großen Teil der Gesellschaft wird zunehmend etwas anderes entscheidend: die Einzigartigkeit selbst.

Und der Applaus. Das hat vor allem in den sozialen Medien seine Bühne, die Einzigartigkeit tritt dort in allen möglichen Spielarten auf, von originell über intelligent bis ominös, von banal über bemüht bis bewegend: der treffende, ironische Tweet zu irgendeiner alltäglichen Banalität oder politischem Unsinn. Die neueste Variante welt- und gesundheitsrettender Ernährung. Furchtbar Privates in Bild und Text, das ich nicht wissen will, aber es ist schon zu spät. Umwerfende Körper. Fantastische Geschichten, Gedichte, Gebete. Sehr viel Yoga am Strand und auf Dachterrassen. Schicksale. Kunstvolles, das ich lange ansehen mag. Die Tätowierung »tanz oder stirb« in Hindi im Nacken des syrischen Tänzers Ahmad Joudeh und sein eindringlicher Tanz.

Ein verrücktes Phänomen unserer Zeit ist, dass es beinahe egal ist, welche Qualität die Einzigartigkeit hat. Wertvoll ist sie, wenn sie auffällt und mit Ovationen gewürdigt wird. Diese Wertschätzung von Einzigartigkeit und Individualität ist ein prägnantes Kennzeichen unserer Zeit, das der Soziologe Andreas Reckwitz in seiner »Gesellschaft der Singularitäten«[28] beschreibt. Er erklärt, dass unsere Gesellschaft lange Zeit von einer »Logik des Allgemeinen« bestimmt war. Alle Prozesse und Lebensbereiche wurden möglichst verallgemeinert, versachlicht und rationalisiert. In Arbeitsprozessen, aber auch im privaten Leben galten Normen. Es war einigermaßen klar, was normal, was richtig war. Natürlich gab es immer Menschen, die da herausfielen, Künstler und Verrückte hatten immer etwas mehr Spielraum. In der

Regel aber wurde sanktioniert, was von der Logik des Allgemeinen abwich. Homosexualität. Eine prägnante politische Meinung. Extravaganz. Emanzipation. Empfindlichkeit. Alles, was die individuelle Identität betonte, aber die Norm infrage zu stellen und damit den Zusammenhalt und das Funktionieren der Gesellschaft zu bedrohen schien.

Das ist inzwischen anders. Immer mehr löst eine »Logik des Besonderen« die Logik des Allgemeinen ab.[29] Das ist überall zu sehen: Gegen den Trend trendy sein ist Trend, sich selbst oder irgendetwas erfinden. Wir dürfen quer sein, wir dürfen bunt und Patchwork sein, wir dürfen uns selbst verwirklichen – so weit großartig, aber inzwischen muss man sogar sagen: Wir *müssen* uns selbst verwirklichen! Denn die Freiheit wird zunehmend zu einem Imperativ, der lautet: Sei einzigartig! Und zeige deine Einzigartigkeit! Das Besondere braucht Publikum und Applaus. Wenn es nicht anspricht, reizt, affiziert, Reaktionen hervorruft, ist es nichts wert.

Die sozialen Medien sind *der Ort*, um die Prozesse, die Reckwitz beschreibt, zu beobachten. Die Währung sind Likes, Retweets und Aufrufe. Einzigartigkeit wird inszeniert mit dem Ziel, möglichst intensiv wahrgenommen und mit Ovationen versehen zu werden. Die Valorisierung ist tatsächlich eine Währung, denn hohe Followerzahlen generieren Werbeverträge und Aufträge. So sind die Prozesse und ist die Logik unserer spätmodernen Kultur von Inszenierung, Affizierung und schließlich Valorisierung geprägt: Was als wertvoll, weil einzigartig, bewertet wird, hängt nicht an mehr oder weniger objektiven Kriterien, sondern nur daran, ob es gelingt, ein begeistertes Publikum zu finden. Ein ausgesprochen flüchtiges und unsicheres Moment, von dem alles abhängt, ein rasender, affektbedingter Wechsel von Auf- und Abwertung. In unglaublich schneller Abfolge ist etwas hopp oder topp. Hopp ist dann die große Erfüllung der Selbstverwirklichung, ein neuer Zauber im Leben.

Gesehen werden. Fühlen und gefühlt werden.

»Who am I,
wenn mich niemand mehr sieht,
wenn keiner berührt.
Hört ihr mich noch?
Ich muss euch doch von mir erzählen.«

Das stand im Einladungstext eines ganz wunderbaren Kunstprojekts in Hannover über den »Sozialen Körper«.[30] Was ist individuell, was sozial, was meint Verbundenheit? Wer bin ich, wenn mich niemand sieht, fühlt, von mir erzählt? Danach fragen junge Kunstschaffende zum einen, weil das schon immer die Fragen junger Menschen waren: Wer bin ich, was ist die Welt, und wie passen wir zueinander? Zum anderen aber müssen diese Fragen unter dem Vorzeichen der Singularisierung neu ausgelotet werden. Wer bin ich ohne Applaus? Was bin ich wert, wenn ich nicht einzigartig bin? »Es steht außer Frage, dass sich dieses Selbst nicht im Rückzug auf ein Innen oder gegen die Welt, sondern erst im Umgang mit der Welt verwirklicht: Was ich eigentlich bin und wirklich will, erweist sich erst in meinen alltäglichen Praktiken, in dem, was ich für mich ausprobiere und gerne oder mit Leidenschaft tue.«[31] Ich sehe die Freiheit, die das bedeutet. Ich spüre sie in meinem Leben.

Und dann lese ich diesen Tweet:
»*Was bedeutet für dich Freiheit?*« – »*Nicht besonders sein müssen*« *(Antwort einer 12-Jährigen)*

Das ist die Schattenseite der Singularisierung. Ein ungeheurer Druck, den offenbar schon Kinder spüren. Die Logik des Besonderen produziert Verlierer und Enttäuschte, denn den wenigsten gelingt es, permanent positiv zu begeistern. Reckwitz sieht einen »systematischen Enttäuschungsgenerator«[32] in der Logik des Besonderen, der in die Überforderung und in die seelische Erschöpfung, ins Burn-out, in Depressionen führen kann. Mit Frustration, Misserfolg und Scheitern umzugehen, dafür fehlen in unserer Kultur der Inszenierung und Begeisterung zunehmend die »kulturelle(n) Ressourcen zur Enttäuschungstoleranz und -bewältigung«.[33] Scheitern, Tod, Krankheit, aber auch Narben, Falten und Orangenhaut, Lücken im Lebenslauf und gar die stinknormalen alten Bekannten namens Durchschnitt und Normalität sind Fremde, die ungefragt in mein Leben eindringen und auf keinen Fall reingelassen werden dürfen.

Alternativ kann man sie inszenieren und als Singularisierungsmaterial verwenden. Jedoch: Narrative, die das Leiden und den Tod als zum Leben gehörend erzählen, wie die christliche Passionsgeschichte, oder Praktiken, die bei der Verarbeitung helfen, wie das Feiern von Karfreitag oder die Totenklage, sind vielen nicht mehr vertraut. Es müsste eine große Sehnsucht da sein nach Räumen und Zeiten für Wut, Geschrei, Klage und Gejammer und um in Ruhe deprimiert sein zu können. Wir brauchen Passionszeiten, Fastenzeiten, Exerzitien, Klagemauern und Klageweiber. Ohne Publikum und Applaus. Aber mit Menschen, die da sind und mittragen.

Für ein durchsingularisiertes Leben muss die Demut geradezu provokant wirken, weil sie um unsere Durchschnittlichkeit, Miserabilität und Fragilität weiß, weil sie aufdeckt, was echt und unecht ist, was Fassade ist und was Substanz hat. Und weil sie Gegenbewegung gegen substanzlose Instagramability ist: Wahrhaftigkeit statt Inszenierung. Verwoben statt herausgehoben. Staubkorn statt Sonne.

Wir brauchen die Demut, wenn wir Scheitern, Grenzerfahrungen, Unverfügbarkeitserfahrungen und Versagen nicht verdrängen, sondern als Teil unserer Wirklichkeit bewältigen wollen.

Es kann ein durchaus schmerzhafter Weg sein, der dazu führt, auch diese brüchigen Seiten des Lebens zu bejahen, und so vollständiger, wesentlicher Mensch zu sein. Das ist ausdrücklich nicht masochistisch oder leidverherrlichend gemeint! Aber paradoxerweise sind wir vollständiger, wenn wir uns eingestehen, dass wir Fragmente sind, voller Brüche, nur halb gelungen und zerbeult.

Es ist nicht der Applaus, es ist die Demut, die uns Mitgefühl für die brüchigen und unverfügbaren Seiten des Lebens entwickeln lässt. Die eigenen und die von anderen. Demut ist Beziehung, der Applaus nur deren Substitut.

Ich sitze in der Gin-Destillerie und denke, dass dieser Ort in seiner Einmaligkeit eines der wirklich bezaubernden Produkte der Singularisierung ist. Hier wird der Sinn mit ausbleibendem Applaus nicht verpuffen. Okay, das Geschäft braucht Kunden. Aber das Ziel ist nicht der Applaus, sondern hat einen Sinn in sich. Das Finden einer eigenen Form von Selbstverwirklichung und Identität kann eben auch bedeuten, die Erfahrung von innerem Reichtum und Zuhause-Sein bei sich zu machen. Das macht unabhängiger gegenüber Applaus und Publikum. Einmalig sein dürfen mitten unter Einmaligkeiten. Das ist die befreiende Seite der Logik des Besonderen. Eine, die sich mit der Demut gut verträgt.

KATZ UND MOND

Es war einmal ein Mönch, Porfiro hieß er, der lebte als Einsiedler auf einem fruchtbaren Stückchen Erde, zusammen mit Ziegen, Bienen und Weinstöcken. Seit dreißig Jahren lebte er so und suchte sich selbst. Eines Tages, während er das sprudelnd fließende Wasser eines Baches beobachtete, merkte er, dass, wie es ihm manchmal passierte, auch jetzt seine innere Welt unter dem Einfluss seltsamer Kräfte einzustürzen drohte. Wenn das passierte, dann pilgerte er durch die Berge und besuchte den weisesten aller Eremiten, Vater Tebaino. Der wohnte auf einem großen Felsen, von dem aus man auf die Weizenfelder des nahe gelegenen Dorfes schauen konnte. Ihm klagte er sein Leid:

»Vater, ich habe mich verloren, weil ich mich finden wollte. Ich habe mich nun aber unwiederbringlich verloren. Ich weiß nicht, wer ich bin, noch wofür oder für wen ich da bin. Ich habe das Beste an mir, mein eigenes Ich, verloren. Ich habe den Frieden und die Kontemplation gesucht, doch ich kämpfe gegen ein Heer von Gespenstern. Ich habe alles getan, um mir den Frieden zu verdienen. Schau meinen Körper an: Er ist gewunden wie eine Wurzel, zugrunde gerichtet vor lauter Fasten, Büßerhemden und Nachtwachen! Und nun bin ich hier, kaputt und gesundheitlich angeschlagen, vor lauter Suchen von der Müdigkeit übermannt.«

Es war mitten in der Nacht, ein großer Mond leuchtete, und Vater Tebaino hörte in unendlicher Zärtlichkeit zu. In der Stille, nachdem der Einsiedler fertig gesprochen hatte, kam eine kleine Katze, machte es sich schnurrend auf dem Schoß des Weisen bequem und schaute mit großen Augen den Mond an. Nach einer langen Stille, begann Vater Tebaino zärtlich zu sprechen: »Porfiro, mein geliebter Sohn, du musst wie die Katze sein. Sie sucht gar nichts für sich, sondern sie erwartet alles von mir. Sie will nichts, sie sucht nichts, sie wartet einfach auf alles. Sie ist Hingabe. Sie lebt ganz einfach und schlicht, um zu leben. Hier liegt sie nun bei mir und betrachtet ganz unschuldig und naiv, archaisch wie das Sein selbst, das Wunder des Mondes, der in riesenhafter Größe segensreich emporsteigt. Sie sucht sich nicht selbst, sie sucht auch nicht die innere Eitelkeit der Selbstreinigung oder den Gefallen an der Selbstverwirklichung. Sie hat sich unwiederbringlich verloren – an mich und an den Mond. Es ist ihr Wesen, das zu sein, was sie ist, und sich so zu finden.«

Tiefes Schweigen breitete sich um die beiden Einsiedler aus, und so saßen sie mit der Katze und dem Mond schweigend bis zum nächsten Morgen. Nach einem Abschiedskuss brach Porfiro auf und ging zurück in seine Einsiedelei. Er hatte begriffen, dass er sich, um sich selbst zu finden, an die reinste und schlichteste Absichtslosigkeit verlieren musste.

Jahre später, so wird erzählt, war in einer stillen Nacht, in der ein großer Mond schien, ein helles Leuchten am Himmel zu sehen. Das war der Mönch Porfiro, der zusammen mit dem Mond in die unendliche Tiefe des Himmels eintauchte.[34]

Sich einen Sinn für die Wunder der Welt offenhalten. Verzauberungsbereit sein. Das liegt Kindern und Katzen und manchen Eremiten. Dieser Wundersinn ist ein Demutssinn. Er staunt über die Erhabenheit unverfügbarer, seltsamer und schöner Dinge, Ereignisse und Begegnungen. So staunend ist er frei von Überheblichkeit und Machbarkeitsansprüchen. Er kann in kindlicher Naivität verharren lassen. Und er kann in einen Zustand tiefer, absichtsloser Akzeptanz führen.

Sich ein Stück verzauberter Seele zu bewahren, gilt der Psychotherapeutin und Existenzanalytikerin Boglarka Hadinger als ein Merkmal menschlicher Reife.[35] Menschliche Reife kann, so Hadinger, nicht gleichbedeutend sein mit Klugheit, Intelligenz, Begabung oder Kompetenz – es gibt ausreichend Beispiele von Menschen, die diese Fähigkeiten nutzen, um unreif und zerstörerisch zu handeln. Überhaupt kann es nicht den einen prototypisch reifen Menschen geben. Aber an acht Merkmalen macht Hadinger deutlich, was menschliche Reife ausmachen kann, je nach Lebensalter, Lebenssituation und individueller Eigenart unterschiedlich ausgeprägt:

1. *Ein milder und offener Umgang mit den eigenen »Ruck-sack-Themen«*, also Schwächen, Blockaden, destruktiven Gedanken und Gefühlen, aber auch mit eigenen Wesenszügen und Temperamenten. Reife zeichnet sich durch die Bereitschaft aus, sich selbst und die eigenen, inneren Themen kennenzulernen und sie, sofern sie Schmerz und Leid verursachen, zu mildern. Das führt zu einem sanfteren und verständnisvolleren Umgang mit den eigenen Unvollkommenheiten und denen anderer. Und außerdem dazu, sich und anderen Entwicklung und Veränderung zuzutrauen. Hadingers existenzanalytische Sicht ist nah dran an dem, was die klösterliche Lehre meint, wenn sie davon spricht, dass die Reinheit des Herzens in schonungsloser Selbsterkenntnis erreicht wird. »Demut«, sagt der Benediktiner-Mönch Anselm Grün, »ist der Mut, in seine eigene Tiefe und Dunkelheit hinunterzusteigen.«[36]

2. *Das Entdecken eigener Ressourcen und Stärken:* Die haben wir zum einen aus unserer Veranlagung heraus, dann aber auch, weil wir sie gefördert und entwickelt haben und weil unsere Umwelt, unsere Lebensumstände sie uns abfordern. Hadinger unterscheidet innere und äußere Ressourcen. Die äußeren Ressourcen, so verstehe ich Hadinger, sind Fertigkeiten und Fähigkeiten, die wir uns aneignen können. Handwerkliches sozusagen. Die inneren Ressourcen sind unsere Anlagen, auch sie können

gefördert und gefordert werden oder brachliegen, vergessen und verdrängt werden. Kreativität, Empfindsamkeit, Introvertiertheit zum Beispiel. Zur Erfüllung dieser Anlagen gehört es, dass sie in Beziehung zur Mitwelt stehen und auch im Interesse anderer eingesetzt werden wollen, ganz im Sinne Rabbi Hillels: Wenn nur für mich, wer bin ich dann?

3. *Das dritte Merkmal ist die Bewahrung des Sinns für die Wunder der Welt.* Der Wundersinn ist ein Demutssinn, weil er das Geschenkhafte und die »Unentgeltlichkeit aller Dinge«[37] wahrnimmt, so sagt es David Steindl-Rast. »Wenn ich ein empfangenes Geschenk anerkenne, dann erkenne ich das Band an, das mich an den oder die Gebende bindet.«[38] Dieses Band befreit von Entfremdung – es ist das, was Hartmut Rosa *Resonanz* nennt.

4. Und so ist das vierte Merkmal, das Hadinger benennt die Folge des dritten: *die Achtung vor der beseelten und unbeseelten Welt.* Der vorsichtige, nachhaltige und respektvolle Umgang mit der Mitwelt will grundsätzlich nicht gegen, sondern für und mit etwas sein. Das entspricht Albert *Schweitzers Ehrfurcht vor dem Leben.*

5. *Nicht alles machen, was machbar ist. Nicht alles sagen, was gesagt werden könnte:* Reife bedeutet, aus einer potenziellen »emotionalen Inkontinenz«,[39] so nennt es der Begründer der Existenzanalyse Viktor Frankl, allmählich in das Bewusstsein zu kommen, dass nicht alle Empfindun-

gen und Kommentare überall unverblümt agiert oder mitgeteilt werden müssen. Die Größe von Menschen zeigt sich nicht immer darin, dass sie etwas gesagt oder getan haben, sondern manchmal gerade in dem, was sie unterlassen. Was Hadinger im Anschluss an Frankl formuliert, erinnert an die *Unterscheidung der Geister,* die bei Ignatius von Loyola, dem Mitbegründer des Jesuitenordens, eine wichtige geistliche Übung ist. Stark vereinfacht meint das, sich immer zu fragen: Wem und wozu dient das, was ich tue oder eben: lasse? Aus welcher Motivation und in welchem Geist handle ich? Sobald ich mich das frage, identifiziere ich mich nicht mehr mit dem, was ich fühle, etwa mit meiner Wut oder meiner Kränkung oder Begeisterung. Es kann ein perlender, atmender Zwischenraum zwischen mir und meinen Emotionen aufgehen, und ich kann mir bewusst werden, dass ich mehr bin als meine Gefühle.

6. *Reife Menschen stellen sich den Aufgaben des Lebens* beziehungsweise den Fragen, die das Leben stellt, und weichen diesen nicht aus. Sie gehen in die Ver-Antwortung.

7. *Ereignisse in ihrem größeren Zusammenhang zu betrachten* und so eine tiefere Gelassenheit auch frustrierenden Erfahrungen gegenüber zu entwickeln, macht zudem menschliche Reife aus.

8. Das achte Merkmal für menschliche Reife ist die *Liebe zur Weisheit:* Weisheit verstehe ich als erfahrungsgetränktes Wissen, das vom gegenseitigen Verwobensein

allen Seins weiß und in ein grundsätzliches Bejahen dessen, was ist, führt. Nicht im Sinne einer unkritischen Zu-
stimmung zu allem, was geschieht, sondern es meint, so zu
leben und zu sein, dass ich es bejahen kann. »Lernen wir
Ja zu sagen, zu uns, unserem Gewordensein, unserer Geschichte und zu jedem Tag, dann wächst eine Kraft in uns,
die auch heißen kann, einmal entschieden Nein zu sagen,
wenn dies der Dienst am Leben von uns fordert«,[40] schreibt
die Psychologin und Zen-Meisterin Anna Gamma.

Demut und Reife haben dieselben Koordinaten: den
Wundersinn, Selbsterkenntnis, Ehrfurcht vor dem Leben,
sich selbst zurücknehmen können, sich in den Dienst
einer größeren Sache stellen wollen, sich nicht mit den
eigenen Gefühlen identifizieren, das Leben als Anfrage an
sich selbst verstehen und in die Ver-Antwortung gehen.
Für Schwester Teresa ist die Demut eine Haltung, die zur
Reife führt. Und Reife versteht sie als immer mehr die zu
werden, die ich selber eigentlich bin. Von Gott her gedacht, aber auch in mir selber gespürt. Reife entsteht
Schritt für Schritt und lässt eine »zunehmende Zufriedenheit, ein In-mir-Ruhen, Verortet-Sein, Mich-gehalten-Er-
leben, was nullmäßig ausklammert, dass das ganze Leben
nicht auch voll mit Turbulenzen ist und jeder Acker, der
im Sommer Frucht tragen will, danach abgeerntet und
umgegraben wird«.

Und wahrscheinlich führt demutsvolle Reife irgendwann
auch dazu, dass ich mich selbst immer weniger suchen

muss und anfange, die Gelassenheit der Katze zu finden, die den Mond beobachtet. Zur Gelassenheit schrieb der Mystiker und Dominikanermönch Meister Eckart: »Du musst wissen, dass sich noch nie ein Mensch in diesem Leben so sehr gelassen hat, dass er nicht gefunden hätte, er müsse sich noch mehr lassen.« Jeder kann sich noch mehr lassen und noch mehr dem Nichts anvertrauen, meint auch die Schriftstellerin Marica Bodrožić und versteht Gelassenheit als das »Annehmen des leergewordenen Momentums. Bis sich das nächste Bild des Lebens von allein zeigt und selbst das wird, was es ist. Der Sinn des Lebens, der keine Gründe braucht, um da zu sein, er schenkt sich.«[41]

STOLZ UND HINGABE

»Es lebte einmal ein berühmter Weiser, der sehr stolz auf seine Weisheit war. Da erfuhr er, dass irgendwo in der Einöde ein Altvater lebte, der etwas weiß, was selbst er noch nicht wusste. Der Weise begab sich also zu dem Wüstenvater, um zu erfahren, warum alle Welt nur von ihm redet. Doch da der Weg zu ihm lang gewesen war, war der Reisende sehr durstig geworden und bat als Erstes um etwas Wasser zum Trinken.

Der Wüstenvater goss ihm also Wasser in einen tönernen Becher. Das Wasser floss bereits über den Rand hinaus, der Alte aber goss und goss.

»Was tust du?«, rief der Weise. »Der Becher kann doch nicht noch mehr Wasser fassen.«

»So kannst auch du, der du vom Stolz angefüllt bist, das nicht mehr fassen, was ich dir nun sagen werde«, antwortete der Wüstenvater. »Der Stolz macht den Menschen taub.«[42]

Den Wüstenvätern und -müttern, die sich im 4. Jahrhundert in die ägyptische Wüste zurückzogen und dort das Klosterleben erfanden, galt Stolz als das Gegenteil von Demut und Reife. Nicht der schöne Stolz ist hier gemeint, der mir jovial und wohlgesonnen auf die Schulter klopft, weil ich seit fünf Jahren keine Zigarette mehr geraucht habe. Auch nicht der, der sich wie 112 Flaschen Champagner über mir ausgießt, wenn ich die Geburt eines Kindes geschafft habe. Oder eben an irgendetwas Großem teilhabe.

Es gibt den anderen Stolz, der ein beziehungsloses Kreisen um mich selbst bezeichnet. Im Unterschied zur Demut und zur Reife, denen es um wahrhaftige Begegnung geht, um das Erkennen der Wirklichkeit meiner selbst und meiner Mitwelt, verlässt ein stolzer Mensch den Boden der Realität und lebt in einer Fiktion. Er bläht sich selbst mit Werten und Ideen auf, mit denen er sich identifiziert, die ihm aber gar nicht zuinnerst eigen sind. Er lebt eine Lebenslüge. Stolze Menschen sind schnell gekränkt. Das tut vermeintlich weniger weh, als die Wahrheit zu realisieren. Donald Trump muss man dankbar dafür sein, dass er erfolgreich schon für so manche psychologische Illustration hergehalten hat. Tatsächlich scheint er mir auch für den Stolz ein Paradebeispiel zu sein, als einer, der sich mit seiner Macht, seinem Amt und seiner öffentlichen Rolle so sehr identifiziert, dass der Mensch dahinter kaum noch zu erkennen ist. Er ist so etwas wie die Karikatur einer verbreiteten psychischen Prägung unserer abendländischen

Zivilisation, die die Psychotherapeutin Monika Renz so beschreibt: »Wir haben gelernt, uns abzusichern und einzukapseln und innerhalb dieser Mauern von Abwehr ein möglichst imposantes Ich mit subjektgebundener, egozentrischer Selbst- und Weltsicht aufzubauen. Das schützt den Menschen (…) davor, fühlen und mitfühlen zu müssen.«[43] Die Wurzel solch stolzer Beziehungsunfähigkeit ist meist etwas Tragisches, nämlich frühe Erfahrungen von Ohnmacht und Angst.

Wenn sichtbar wird, wie weit Illusion und Realität auseinanderliegen, reagiert der stolze Mensch gekränkt, trotzig und aggressiv. Zu stolz, die eigene Verwundbarkeit und eigenen Schwächen sich selbst und anderen gegenüber einzugestehen, entzieht er einen Teil seiner selbst sowohl sich selbst als auch der Gemeinschaft. Aber das idealisierte Bild von sich selbst muss um jeden Preis aufrechterhalten werden. Diese Selbstillussion nennt der Psychiater und Begründer der analytischen Psychologie Carl Gustav Jung *Inflation.* Sie lässt aus dem seelischen Gleichgewicht fallen und führt zu Gefühlskälte und Wirklichkeitsverlust. Innere Leere und Abkapselung lassen das Leben, die Intensität von Begegnung, das Champagnerprickeln und Zwacken des Lebens wie ungefühlt an mir vorbeiziehen. Das lässt Gier und Eifersucht wuchern und kann süchtig nach allem machen, was für den Moment Befriedigung verschafft, Alkohol, Anerkennung, Sex, Essen etc. Geheilt werden kann solcher Stolz, so Carl Gustav Jung, nur durch moralische Niederlagen. »Nur, wenn er auf die Nase fällt und spürt, dass es die eigene Nase ist, die wehtut, kann er wieder auf den Boden der Wirklichkeit gestellt werden, nur wenn er auf der Erde (humus) liegt, kann er demütig (humilis) seine eigene Menschlichkeit akzeptieren.«[44]

Der Stolz ist raffiniert: Gelegentlich konstruiert er mich mir selbst als demütigen Menschen. Die Demut wird sozusagen Baustein oder selbstangehafteter Orden innerhalb meines inszenierten Selbstbildes. Instagram- und twitterable ist die Demut längst geworden: *Humblebrag* hat der amerikanische Komiker und Autor Harris Wittels das Phänomen genannt, das in den sozialen Medien seit Jahren sein Unwesen treibt, was übersetzt so was heißt wie »Bescheidenheitsangeberei«. Er führt wunderbar selbstironisch vor, was er meint: »Oh Mann, ich kann nicht glauben, dass dieses dumme kleine Wort (humblebrag) mir tatsächlich einen Buchvertrag eingebracht hat!«[45]

Die Wüstenväter und -mütter hingegen, das erzählt die Geschichte vom überlaufenden Tonkrug, kennen es, dass die Demut selbst zum Stolz umschlagen kann. Sie kennen den spirituellen Stolz, der sich einstellen kann, wenn ich finde, dass ich sehr erfolgreich demütig war, weil ich wahnsinnig barmherzig war oder eins a durchgefastet oder -gebetet habe.

Demut nimmt das Innere so, wie es ist, sagt Schwester Teresa, und das in Klarheit und Ungeschminktheit. Der Stolz hingegen hüllt ein, was ist, er ist verhärtete Angst, hart gewordene Selbstbezogenheit. Darum tut Demut unter Umständen unterwegs durchaus weh, wie ein hart gewordener Muskel, der sich zu entspannen beginnt, wenn es um das Aufweichen von inneren Verhärtungen geht und um das Realisieren von Ent-Täuschungen über sich selbst. Aber alles andere hieße, dass so viel Leben ungelebt an mir vorbeizöge. Ich möchte nicht in einer Täuschung leben und, zumindest so weit es mir möglich ist, in Fühlung mit der Wirklichkeit sein, auch wenn das die Anerkennung schmerzhafter oder unschöner Wahrheiten einschließt. Das braucht Mut. Die Demut aber gibt uns das Gefühl, Mensch unter Menschen zu sein und, so Anselm Grün, »verbindet uns durch die Ehrfurcht vor aller Kreatur tief mit der ganzen Schöpfung. Das Leben der Natur strömt dem Demütigen, der sich ihr öffnet, neu entgegen und erfüllt ihn mit Freude.«[46] Und mit Liebe.

Denn eigentlich geht es andauernd um die Liebe. In der Demut, in der Reife geht es um Liebe: In der Beziehung zu mir, in der Beziehung zu meiner Mitwelt und in der Beziehung zu einem größeren Zusammenhang oder dem, was mich unbedingt angeht. In diese drei Beziehungsdimensionen stellt mich die Demut und stellt mir Fragen: Die Frage nach meiner Identität, wer bin ich? Die Frage nach meiner Beziehungsfähigkeit zu allem, was um mich ist. Und schließlich die Frage: Wozu bin ich hier?

So, wie die Demut eine Beziehungstugend ist, die sich auf diese drei Dimensionen bezieht, ist also die Reife Beziehungsfähigkeit und Verantwortung in ebendiesen drei Beziehungsfeldern.

Ich weiß nicht mehr, wo ich den Satz gelesen habe: *Demut ist die radikale Praxis des Dreifachgebots der Liebe.* »Du sollst den Herrn, deinen Gott, lieben von ganzem Herzen, von ganzer Seele und von ganzem Gemüt (5. Mose 6,5). Dies ist das höchste und erste Gebot. Das andere aber ist dem gleich: Du sollst deinen Nächsten lieben wie dich selbst (3. Mose 19,18). In diesen beiden Geboten hängt das ganze Gesetz und die Propheten.« So steht es in der Bibel im Matthäusevangelium.[47]

Das ist die fromme Variante der drei Lebensaspekte der Demut. Das Dreifachgebot der Liebe sieht uns in einem offenporigen Bezogensein auf uns selbst, auf Welt und Leben, aber auch auf eine darüber hinausgehende Wirklichkeitsdimension. Wir sind begrenzt und haben zugleich Anteil an etwas weit über uns Hinausreichendem. So sagt Martin Buber, dass genau deswegen das Wesen des Menschen nicht begrifflich zu fassen ist, da wir zugleich und in einem teil haben am Endlichen und am Unendlichen. Das Endliche färbt das Unendliche ein und durchdringt es und umgekehrt.

Die Benediktinerin Schwester Eucharis beschäftigt sich intensiv mit den Schriften Martin Bubers und versucht dieses *Zugleich und In-Einem* durch das Bild von zwei durchsichtigen farbigen Flächen zu veranschaulichen: Übereinandergelegt bleibt jede sie selbst, aber gewinnt zugleich einen neuen Farbton.[48] Daraus ergibt sich zum einen die Erkenntnis: Durch seine Endlichkeit und Begrenztheit reicht das Denken des Menschen nie aus, wenn er nach der Wahrheit fragt. Dies zu erkennen, ist der Anfang der Demut.

Aber wenn ich an die beiden farbigen Scheiben denke, begegnet mir da ja auch das Geheimnis, dass unsere menschliche Begrenztheit durchwirkt und eingefärbt werden kann von der Unendlichkeit. Und auch das gehört zur Demut: die Erkenntnis und das Vertrauen darauf, dass auch unser Begrenztsein von Ewigkeit durchatmet und durchleuchtet werden kann. Manchmal ist es Menschen anzusehen und zu spüren, dieses Durchleuchtet- und Durchatmetsein.

Durchatmet und durchleutet – so empfinde ich Menschen, die sich ganz an eine Aufgabe oder an eine geliebte Person hingeben. Wenn sie sich dabei nicht selbst dabei hergeben und aufgeben oder in eine Abhängigkeit begeben. Aber so, dass sie in leidenschaftlicher Hingabe sind, ganz der Aufgabe, dem Menschen zugewandt, und für Augenblicke in etwas Größerem aufgehen. Für Viktor Frankl ist der Mensch umso mehr Mensch, je mehr er aufgeht in der Hingabe. Je mehr wir uns hingeben, umso mehr werden wir wir selbst: »Sich selbst verwirklichen kann sich (der Mensch) also eigentlich nur in dem Maße, in dem er sich selbst vergisst.«[49]

TOD UND LIEBE

»Binden Sie sich nicht so an das Kind. Sie müssen's eh bald wieder abgeben. Ist doch so. Irgendwann können Sie nicht mehr, dann muss es ins Heim. Und außerdem – na, Sie wissen ja … die Lebenserwartung. Das macht sie nur fertig. Verstehen Sie mich nicht falsch. Ist nur gut gemeint.«

Das war es bestimmt. Aber ich war längst wild und unerschütterlich entschlossen, meine Tochter so sehr zu lieben, wie es nur geht. Augenblicke sollten zu Äonen werden. Die knappe Zeit maximal ausgedehnt. Wenn nicht in die Länge, dann eben in die Tiefe und meinetwegen alle anderen bekannten und unbekannten Dimensionen.

Sie war eine Lehrmeisterin des Lebens. Ständige Grenzgängerin zwischen Leben und Sterben. Wie schmal diese Grenze sein kann und über wie lange Zeit! Manche konnten sie nicht aushalten. Man sah ihr ihre schwere Behinderung an. Andere konnten sich nicht entziehen und tauchten respektvoll in den Zauber ein, den sie verbreitete. Sich einlassen auf das, was ist, und sich aussetzen. Ich badete in ihrem Kraftfeld. In dem es nur den Moment gab mit seiner Atmosphäre und Dynamik. Aufgeladen. Stiller Sturm. Ich war in Resonanz und ließ mich anverwandeln.

Nachdem ich drei Töchter zur Welt gebracht habe, weiß ich, dass Neugeborene ihr Wesen und Temperament mitbringen. Es ist direkt da und sichtbar, sofort. Es ist wohl das, was ihnen geholfen hat, sich durch den engen Geburtskanal ins eigenständige Leben zu kämpfen. Das prägt sich ein in Zellen, Nerven und Wesen. Dieses frisch geborene Mädchen zwischen meinen Füßen sah aus wie ein Indianerbaby. Dunkel, stolz, schön, kraftvoll.
Es blieb rätselhaft, warum sie kurz danach aufhörte zu atmen.

Geboren, gestorben, reanimiert. Hätte man sie fliegen lassen sollen? War sie genau deshalb gekommen, um ganz kurz zu leuchten? Um durchzufliegen und dann gleich weiter? Mit Morgenröteflügeln ans äußerste Meer. Es schien mir so in diesem Moment.

Manche sagen, Menschen sterben so, wie sie gelebt haben. Vielleicht leben auch manche so, wie sie geboren wurden. Dieses Mädchen: schwer, schmerzhaft, auf der Grenze zwischen hier und irgendwo. Und auch: stark, schön, beharrlich. Berührend. Geheimnisvoll. Ein Aufleuchten.

»Die Demut beruht (…) auf dem Bewusstsein der menschlichen Endlichkeit«,[50] sagt Anselm Grün. Ich glaube, das ist so. Aber ich mag gar nicht denken, dass der Tod meiner

Tochter mich Demut lehrte, mich irgendetwas lehrte. Das würde mir die Bedeutung ihres Lebens so klein und funktional machen. Ich weiß nicht, ob diese Erfahrung mich irgendetwas lehrte außer, wie tief existenzieller Schmerz geht. Und wie grauenhaft Sinnlosigkeit sich anfühlt.

Im Rückblick sehe ich, dass der ganze Weg mit meiner Tochter für mich überlebbar wurde, weil ich mich in die Liebe zu ihr hineingestürzt habe. Die Liebe zu ihr machte es irgendwann möglich und notwendig, mich vor meiner Tochter und ihrem Weg zu verneigen und zu sagen: Das ist dein Weg. Ich verstehe ihn nicht. Ich habe ihn mir anders gewünscht. Er tut mir weh. Aber es geht nicht um mich, sondern um dich und dein Leben. Es geht darum, dies wider allen Verstehens zu respektieren und dich mit all meiner Liebe zu begleiten, so gut ich kann.

Wahrscheinlich ist es die Begegnung mit der Endlichkeit, aber ebenso sehr ist es die Liebe. Die Liebe zu meinem Kind hat mir Spurenelemente der Demut ins Lebensgefühl gestreut. Aber das spielte, als sie lebte und starb, keine Rolle; die Frage nach der Demut oder nach irgendwelchen Lehren, Bezeichnungen oder Einordnungen. Eine Rolle spielte, dass Liebe nur bedingungslos möglich war.

Dass ich mich heulend im Supermarkt vor dem Regal mit den Süßigkeiten wiederfand und heulend bei IKEA beim zwangsläufigen Durchlaufen der Kindermöbel- und Spielzeugabteilung, wissend: Sie wird nie Schokolade essen, weil sie nie irgendetwas essen können wird. Sie wird nie laufen, springen, klettern, spielen, tanzen. Nie lächeln, lachen, mich ansehen. *Meine* Bilder vom Muttersein. *Meine* Wünsche. *Mein* Lebensentwurf.

Ihre Realität ist eine andere.

Dieses Kind zu lieben, hieß, mich vor ihrer Wirklichkeit zu verneigen.

Ob das Demut war?

Es spielte keine Rolle.

Eine Rolle spielte: Niemand sollte denken, sie würde mein Leben unglücklich machen. Das Schicksal machte das vielleicht. Nicht sie. Man sollte ihren Indianerinnenstolz, ihre stille, tiefe Aura spüren. Ihr Dasein, ihren Zauber und dass sie die Welt reicher machte.

Und sie sollte Schwestern haben.

Irgendwann.

Zwei.

♥ ♥ ♥

Eine Rolle spielte, dass die grundlegende Bereitschaft, das zu akzeptieren, was ist, die eine Seite war. Die mir die andere nicht ersparte: durch eine Zeit zu gehen, in der sich jeder Schritt wie Gehen auf einer Wunde anfühlte.

Eine Rolle spielten die Abende im Krankenhaus. Als eine Ärztin vorbeikam, die ihr Kind verloren hatte und mir davon erzählte. Und ich dachte: Sie hat es überlebt.

Ein junger Arzt, der mir am Ostermontag eine in seiner warmen Hand verbogene Osterkerze aus dem Gottesdienst mitbrachte.

Der Chefarzt, der einmal in der Woche lange mit uns Eltern sprach. Uns fragte, ob wir von unserer Tochter träumten. Und in einem stundenlangen Gespräch mit mir jedes Detail durchging auf der Suche nach dem einen Fehler, den ich gemacht, dem einen Moment, den ich verpasst hatte. Und sagte: Sie haben keine Schuld.

Die Freunde, die nicht deuteten und mit uns nicht Bescheid wussten, aber Gummibärchen und Döner mitbrachten. Die Familie, die wie eine schützende Burg um uns war, obwohl sie alle selbst traurig waren.

Die Abende am Bett meines Mädchens, das schlief und schnorchelte. Und ich öffnete das Fenster und brauchte kalte schwarze Nachtluft und ein Gefühl von Universum und Kosmos, in dem alles aufgehoben wäre.

Worte zum Beten hatte ich nicht. Ich hatte nur einen Atemzug nach dem nächsten. Gesten, die mich zwischen Himmel und Erde hielten. Arme ausbreiten, zum Boden verneigen, auf den Boden legen.

PUMPS UND CHAOS

Das mag seltsam klingen, aber ich muss in diesen Wochen oft an meine Klavierlehrerin denken. Lange vor Amy Winehouses Geburt trug sie deren Frisur. Jeden Tag ein knalliges Cocktailkleid, farblich passend dazu Lidschatten bis zum Augenbrauen-Anschlag – und wirklich hohe Pumps. Eine kleine, sehr weibliche, herzliche, laute Frau.

In größeren und kleineren Abständen empfing sie mich zur Klavierstunde mit den Worten: »Komm, gehn wir 'n Kaffee trinken.« Ich war 14, 15 Jahre alt und fühlte mich erwählt und erwachsen, so kaffeetrinkend mit der verehrten Lehrerin am vergilbten Plastiktisch beim Griechen hinter der Schule. Wir redeten über alles. Gott, Welt, Liebe. Einmal erzählte sie mir, dass es vorbei sei für die Natur. Da sei nichts mehr zu retten. Auch nicht, wenn wir alle Emissionen sofort stoppten. Es sei zu spät. Ich weiß gar nicht, ob das damals schon in dieser Konsequenz stimmte, aber die Tendenz stimmte natürlich.

Mehrere Tage war ich stumm und nicht ansprechbar, erzählen meine Eltern. Daran erinnere ich mich nicht, aber an mein wahnsinniges Erschrecken und eine mich lahmlegende Angst. Dann kam die Wut. Demos. Diskussionen. Auch darüber, ob wir es verantworten könnten, Kinder in die Welt zu setzen.

In den Achtzigerjahren war das, dass die kleine bunte Frau mir nicht nur Schumann und Chopin nahebrachte. Die Achtziger: *das* Jahrzehnt der Umwelt- und Friedensbewegung. Die Grünen wurden gegründet. Bei uns im Dorf gab es den ersten Bioladen – eine Revolution! Und 1975 hatte Herbert Gruhl, zuerst MdB der CDU, später Mitbegründer der Grünen, seinen Bestseller veröffentlicht: »Ein Planet wird geplündert – Die Schreckensbilanz unserer Politik«.

Wir wissen das alles schon so lange.
Dass das Klima sich nun rasanter und drastischer verändert als befürchtet und dass die Erderwärmung zweifellos menschengemacht ist, stellt der aktuelle Bericht des Weltklimarates unmissverständlich klar.[51] Der Gestaltungsspielraum wird kleiner. Und die Folgen sind nicht mehr nur Bilder aus exotischen Ländern in den Nachrichten, sondern rücken uns spürbar selbst auf den Pelz. Dass wir unseren Lebensraum unumkehrbar zerstören, das ist das eine Megathema: die ökologische Krise.

Ein Weiteres ist die globale Gerechtigkeitskrise: Wir entfernen uns vom Ziel »Zero Hunger 2030« der UN-Agenda für nachhaltige Entwicklung. Fast 690 Millionen Menschen litten Ende 2019 unter chronischem Hunger, 135

Millionen Menschen unter einer akuten Ernährungskrise. Bei 144 Millionen Kindern führte die Unterernährung zu Auszehrung. Die Covid-19-Pandemie legt offen, »dass die Beendigung des Hungers bis 2030 mit unseren derzeitigen Ernährungssystemen nicht zu verwirklichen ist. Sie hat die Fragilität und Ungerechtigkeiten unserer globalisierten Ernährungssysteme sowie die Bedrohung der globalen Gesundheit und Ernährungssicherheit durch die zunehmende Einwirkung des Menschen auf Tier- und Umwelt offengelegt und verdeutlicht, dass diese Herausforderungen ganzheitlich und entschlossen angegangen werden müssen«, so heißt es im Welthunger-Index 2020.[52] Und das, obwohl es genug für alle gibt: »Die Weltlandwirtschaft könnte problemlos 12 Milliarden Menschen ernähren. Das heißt, ein Kind, das heute an Hunger stirbt, wird ermordet«, sagt Jean Ziegler, der ehemalige UN-Sonderberichterstatter für das Recht auf Nahrung.[53]

Meine Kinder spielen Klavier und Cello und sind heute so alt wie ich damals. Sie leben in Wohlstand. Aber: Wovor ich damals Panik hatte – für sie ist es Realität. Wovon ich hoffte, es kommt erst in hundert Jahren: Jetzt ist es da. Von den Wasserfluten, die in den letzten Wochen ganze Dörfer durchgerissen haben, sind wir verschont geblieben. Aber als es heftig regnete, lief meine Jüngste in den Keller und schaute, ob dort schon Wasser einläuft. Und als ich sagte: Das hört bald wieder auf, sagte sie: Das habt ihr bei Corona auch gesagt.

Ich denke an die kleine bunte Frau und fühle mich so ohnmächtig wie damals.

In Anbetracht der ungelösten Megakrisen – es wären weitere zu nennen, wie die Fragilität von Demokratien, die wir derzeit weltweit beobachten, oder religiös begründete Gewalt und Kriege – in Anbetracht dessen erscheint es mir manchmal egoistisch, Kinder geboren zu haben. Aber ich weiß es nicht. Dieses Leben wäre nicht dieses Leben ohne sie. Und die Welt nicht diese Welt. Wenn Tagore zitiert wird: »Jedes neugeborene Kind bringt die Botschaft, dass Gott sein Vertrauen in die Menschheit noch nicht verloren hat«, klingt das verheißungsvoll, und es fühlt sich wahr an, wenn ich meine Kinder anschaue.

Zugleich kommt es mir naiv vor, und eigentlich wundere ich mich, dass er das noch nicht getan hat, das Vertrauen in uns verloren. Wer weiß? Die Frage ist aber ja eher: Schaffen *wir* es, das Vertrauen nicht zu verlieren? Wie behalten wir unsere Kraft für diese Wahnsinnsherausforderungen? Wir sind so erschöpft! Viele jedenfalls. Eine große Erschöpfung ist zu beobachten, die durch Corona noch weiter zunimmt. Diese Erschöpfung unserer Gesellschaft verstehe ich als eine weitere existenzielle Krise.[54] An ihr wird klar, wie sehr das globale mit individuellem Ergehen verknüpft ist. Und: dass all diese existenziellen Krisen Beziehungskrisen sind.

Bevor wir zusammenbrechen, schalten wir, überfordert durch diese existenziellen Herausforderungen, auf Autopilot und versuchen zu funktionieren, um irgendwie durch die Krise zu kommen.[55] Zähne zusammenbeißen, Augen zu und durch. Wir reagieren auf die eskalierende Steigerungsdynamik in der Logik der Steigerungsdynamik. Von »tiefer Industrialisierung« spricht der Soziologe Harald Welzer: »In der expansiven Moderne geht es auch hinsichtlich der individuellen Existenz um Vergrößerung und Wachstum. ›In sich so viel Welt als möglich zu ergreifen‹, so hatte das programmatisch Wilhelm von Humboldt formuliert, und heute ist es uns zur zweiten Natur geworden, dass man ›aufsteigen‹, ›sich entwickeln‹, ›weiterkommen‹, ›lebenslang lernen‹ muss. Probieren Sie mal, wie ihre Umwelt reagiert, wenn Sie mitteilen, dass Sie jetzt nichts mehr lernen möchten, es sei nun mal genug.«[56]

Es ist, als würden wir versuchen, eine immer schneller abwärtsfahrende Rolltreppe hinaufzulaufen: Wir laufen immer schneller und doch auf der Stelle – so setzt es der Soziologe Hartmut Rosa ins Bild.[57] Als rasenden Stillstand beschrieb es der Philosoph Paul Virilio und meinte ein Stadium, in dem unsere spätmoderne Gesellschaft vor der Beschleunigung des technologischen Wandels kapituliert.[58]

Der Zusammenhang zwischen der individuellen Erschöpfung und den globalen Zerstörungen und Verunsicherungen, die die ganze Menschheit betreffen, wird zunehmend prägnanter spürbar. Auch in Deutschland und Westeuropa, wo Wirtschaft und Politik permanent die Illusion von Sicherheit aufrechterhalten. Unsere Fähigkeit, die Welt kognitiv zu verstehen und seelisch zu verdauen, ist überfordert. Der Autor und Futurist Jamais Cascio hat in seinem Artikel »Facing the age of chaos« ein Akronym dafür kreiert: BANI. Brittle, Anxious, Non-Linear und Incomprehensible – so erleben wir die Welt, brüchig und spröde, angstmachend, nicht-linear und unbegreiflich. Das Beispiel der künstlichen Intelligenz macht die Nichtlinearität und Unbegreiflichkeit plastisch: Sie ist von uns programmiert, je mehr sie aber lernt, umso komplizierter wird sie und umso schwerer für uns zu verstehen. Also: Im Kopf und in der Seele gelingt es uns nicht mehr, unser Leben, *das* Leben zu einem Ganzen zusammenzufügen.

Wenn Steigerung beziehungsweise Beschleunigung das Problem ist, dann ist Resonanz vielleicht die Lösung, so lautet die Kernthese der »Soziologie der Weltbeziehung« von Hartmut Rosa. Nicht Entschleunigung, wie man erwarten könnte, sondern Resonanz! Damit sagt Rosa, dass es um eine grundlegend andere Beziehung zur Welt geht: Selbstentfremdung und Weltentfremdung sind »zwei Seiten einer Medaille. Sie resultieren aus einem ›Verstummen‹ der Resonanzachsen zwischen Selbst und Welt.«[59] Die permanente Eskalationstendenz, die ständige Steigerung von Produktion und Konsumtion, verändert fundamental die Art und Weise, in der Menschen in die Welt gestellt sind, »unsere Beziehung zum Raum und zur Zeit, zu den Menschen und zu den Dingen, mit denen wir umgehen, und schließlich zu uns selbst, zu unseren Körpern und unseren psychischen Dispositionen«.[60]

Die großen Krisen sind Resonanzkrisen, Beziehungskrisen, sie manifestieren die Beziehungsstörung zwischen Mensch und Welt (ökologische Krise), Mensch und Mensch (Gerechtigkeitskrise) sowie Mensch und Selbst (Erschöpfungskrise).

Unsere Erschöpfung ist Resultat einer gestörten Beziehung zur Welt und zum Leben. Und: Sie ist Bestandteil eines sich selbst verstärkenden Problemzirkels, in dem wir stecken, denn »ein problematisches Weltverhältnis ist nicht nur die Folge der Beschleunigung beziehungsweise des Steigerungszwangs moderner Gesellschaften, sondern zugleich auch deren Ursache«, stellt Rosa fest.[61] Die großen Krisen der Gegenwart erschöpfen uns. Aber wir werden sie kaum lösen können, wenn uns unsere seelischen Ressourcen wie Ausdauer, Orientierung und Hoffnung abhandenkommen, die wir, so sagt es Anna Gamma, »für unsere Arbeit, unser Überleben und für die Feier des Lebens« brauchen.[62]

Beziehungslos und lieblos zu leben, kostet Kraft und Ressourcen, in jeder Hinsicht. Die möglichen Antworten, die Cascio aus seinem Akronym ableitet, deuten darauf hin, dass es um Beziehung und Offenheit geht: »Sprödigkeit könnte durch Belastbarkeit und Resilienz begegnet wer-

den; Angst kann durch Empathie und Achtsamkeit ge-
mildert werden; Nichtlinearität erfordert Kontext und
Adaptivität; Unverständlichkeit verlangt nach Trans-
parenz und Intuition.«[63]

Intuition also. Resilienz. Empathie. Kein Marshallplan für
die Erde, kein Notfallkoffer oder Werkzeugkasten. Es sind
Resonanz-Begriffe, die nach einer Haltung der Bezogen-
heit und Offenheit fragen: In Resonanz und Fühlung zum
Leben, zur Welt zu sein, in Beziehung sein. Das Leben gelingt nicht per se, sagt Rosa, wenn wir »reich an Optionen
und Ressourcen sind, sondern, so banal, ja tautologisch
dies zunächst klingen mag: Wenn wir es lieben (…) die
Menschen, die Räume, die Aufgaben, die Ideen, die Dinge
und Werkzeuge, die uns begegnen und mit denen wir es
zu tun haben. Wenn wir sie lieben, entsteht so etwas wie
ein vibrierender Draht zwischen uns und der Welt.«[64]

Es geht um eine Liebesbeziehung zum Leben und zur
Welt. Ein Wort dafür ist Demut. Demut ist die Erfahrung,
verdankt und verwoben zu sein. Sie verortet uns in der
Welt als Teil eines großen Ganzen. Und es ist das Wesen
der Demut, sich in den Dienst des großen Ganzen zu stel-
len und dabei um die menschlichen und um personale
Grenzen zu wissen, aber ebenso um unsere Kraft, unser
Vermögen und unsere Verantwortung.

Ich denke an meine Kinder.
Und an die kleine bunte Frau.
Ich sollte heute Pumps tragen.

LIEBEN

BADEN IM
CHAMPAGNERFASS

»Im Leben kann der Tod auch eine gewaltige Chance sein!«, sagt der Bräutigam bei seiner Hochzeit. Er heißt Denver, ist Bonvivant, Belami, Verbrecher und todkrank. Während sich manche Leute eine Flasche Champagner leisten, um etwas Besonderes zu feiern, würde er mit seiner Liebsten für den kurzen Rest des Lebens lieber gleich in einem gewaltigen Champagnerfass baden.

Meine Lieblingsszene in der Serie »Haus des Geldes«. Möge das ganze Leben Honeymoon sein! Überschwang angesichts des Todes. Die Kürze macht Augenblicke zu Champagnertropfen.
Der Augenblick ist mein.
Nichts ist selbstverständlich, alles ist endlich und alles Geschenk.

> »Und Dankbarkeit ist das Maß unserer Lebendigkeit. Sind wir nicht taub und tot für alles, was wir für selbstverständlich erachten?«[65]
>
> David Steindl-Rast

Tod und Liebe sind alles andere als selbstverständlich. Beide reichern meinen Lebensgeschmack mit eigenen Spurenelementen und Schwebstoffen an.

Liebe. Zu einem kleinen, prachtvollen Menschen, zu einer Geliebten, einem Geliebtem, zu einem Planeten, zu einer Vision, zur Natur, einem Projekt, der Wissenschaft, der Kunst.

Und der Tod. Eine elende Zumutung. Er verdirbt mir die Laune. Er macht mir große Angst. Ich finde es furchtbar, immer wieder Abschied nehmen zu müssen von geliebten Menschen. Und ich will auch nicht gehen müssen irgendwann.

Der Tod sagt gnadenlos:
Alles ist Gnade. Jeder Atemzug.

Du verdankst dich ganz und gar.

So unbedeutend bist du und so glanzvoll.

Habe Ehrfurcht vor dem Leben. Es geht um alles.

Der Tod geht allem voran wie Orpheus der Eurydike.

> Sei allem Abschied voran, als wäre er hinter dir
> wie der Winter, der eben geht.
> Denn unter Wintern ist einer so endlos Winter,
> daß, überwinternd, dein Herz überhaupt übersteht.
> Sei immer tot in Eurydike, singender steige,
> preisender steige zurück in den reinen Bezug.
> Hier, unter Schwindenden, sei, im Reiche der Neige,
> sei ein klingendes Glas, das sich im Klang schon zerschlug.[66]

Und so prägen das Bewusstsein des Todes und die Erfahrung der Liebe den Blick auf alles: Leben ist abschiedlich. Und zugleich begrüßend. Und damit: das Leben verkostbarend. Dieser Blick lässt einen leise perlenden Zwischenraum zwischen mir und meinem Leben entstehen, mir selbst, meinen mir so vertrauten Werten, Ängsten und Leidenschaften gegenüber. Und das wiederum kann mich aus der Identifizierung mit meinen Gefühlen und meinem kleinen Sein führen und das Gespür für das Gesamte öffnen, das über mich hinausgeht, mit dem ich verwoben bin.

Demut ist die Hingabe an den Augenblick, das Auskosten von Momenten und Baden im Champagnerfass im Bewusstsein, dass alles jeden Moment vorbei sein kann und auf jeden Fall irgendwann vorbei sein wird. Dadurch nimmt die Demut der Welt eine Menge an Macht über uns. Weil sie diesen perlenden Zwischenraum öffnet zwischen mir und mir selbst, zwischen mir und der Welt, diese zarte, vibrierende Distanz, die zugleich Resonanzraum ist und Intensität ermöglicht.

Unbedingt und kostbar ist alles, was mir entgegenkommt, was in, mit und unter allem ist, dazwischen, dahinter und darin. Was mich anverwandelt.

Und so bin ich ich, weil ich es an denen, die ich liebe und an meiner Mitwelt werde. Ich im Wir. Wir im großen Gewebe des Lebens. Wir sind Champagnertropfen im Fass, in dem wir alle baden dürfen.

»Weißt du,

alle sagen doch immer: Mach was aus deinem Leben,

mach was aus jedem Augenblick.

Aber ich weiß nicht, irgendwie glaube ich, es ist andersherum.

Der Augenblick macht was mit uns.«[67]

Richard Linklater, Boyhood

DER FADEN

Das Sterben meines Kindes mitzuerleben und zu spüren. Den letzten Atemzug und keiner kommt mehr. Für mich war es wie Mitsterben. Beben auf einer unbekannten Ebene, für die ich nur schwer Worte finde. Was ich empfand und was bis heute, immer mehr nachlassend, aber dennoch, nachbebt, war mir kognitiv schwer einholbar, artikulierbar irgendwo zwischen Stummheit und Schrei.

Die ganz akute Trauer dauerte etwa zwei Jahre. In diesen Jahren lernte ich, dass Trauer in Wellen kommt. Dass sie wie in Wehen auf einen zurollt. Wie bei Wehen will ich die nächste nicht, will ausweichen, aber kann nicht. Wie bei Wehen bleibt mir nichts übrig, als die Schmerzwelle durch mich durchrollen und ihr Werk tun zu lassen. Widerspenstiges Hingeben. Das mag eine Demutsspur sein: Vertrauen lernen, dass die Trauer ihr Werk tut und dass sie besser weiß als ich, wie es geht.

In diesem Jahr lernte ich: Wenn nichts mehr geht, geht atmen. Zug um Zug, bis die Welle wieder sanfter wird und ich durch bin, für dieses Mal.

In diesem Jahr schossen Bilder immer wieder hoch, ihre Geburt, ihr erstes Sterben, die Reanimation und was danach war. Martinshorn hören hielt ich jahrelang nicht aus. Ich lernte zu atmen, wenn die Bilder hochschossen und mich wegrissen. Ich atmete die Bilder ein, saugte den Schmerz, der in ihnen lag, in mich ein, den meines Kindes, meinen, und atmete Liebe aus. Schmerz ein, Liebe aus. Hinein in die Bilder, zu meinem Kind hin, in den Schrecken und den Schmerz hinein.[68]

Ich lernte, dass Atmen heilen kann. Die Demutsspur mag sein, dass keine Antwort, keine Interpretation, keine Deutung half. Nur atmen. Vertrauen, dass der Atem es besser weiß als ich.

Ich lernte, dass niemand mir den einen Satz sagen konnte, nach dem ich suchte, der alles erklären und erlösen würde. Ich fragte meinen damaligen spirituellen Lehrer, bei dem ich das Herzensgebet, eine alte, christliche Form des meditativen Gebets, übte. Der musste es wissen. Der musste die Antwort kennen. Als ich nichts mehr fühlte außer Abgrund und Absturz. Wir wanderten über Bergwiesen in der Schweiz, an der Ranft des Nikolaus von Flüe, und ich fragte und wollte wissen und verstehen und bohrte. Und er sprach von Schmetterlingen, in denen die Seele des Verstorbenen vorbeifliegt, und von Sternen und Regenbögen, und ich dachte: Bullshit! Nicht einmal er weiß es. Und sagte ihm das. Und dass ich an nichts und niemanden mehr glaube. Nicht an Gott, nicht an Seelen, an nichts über den Tod hinaus, nicht an Weisheit, Sinn, nicht an das Gute.

Und er sagte: Wenn nichts mehr geht, dann hör auf das, was dein Körper dir sagt.

Ich lernte in diesem Jahr auf das zu hören, was mein Körper mir sagt. Und es neben das zu stellen, was mein Kopf nicht glaubt.

Es gab einen goldenen Faden zwischen meinem Kind und mir.

REIS ZÄHLEN

»Wenn das Telefon nicht klingelt, ist es für mich!«, soll der Schriftsteller Elias Canetti gesagt haben.

Oh ja! Die Zeit soll langsamer und leerer sein, bitte. Für viele ist sie leidvoll leer und einsam. Für andere ist alles zu viel, zu voll, zu schnell, gegen rasende Rolltreppen rennen. So oder so ist die Frage, wie wir Zeit empfinden und wie wir mit dem verbunden sind, was in unserer Zeit passiert. Verachte ich, was geschieht, liebe ich es, erwarte ich es, soll es schnell vorbei sein oder berührt es mich gar nicht?

»So werd ich manchmal irre an der Stunde, an Tag und Jahr, ach, an der ganzen Zeit! Sie gärt, sie tost, doch mitten auf dem Grunde ist es so still, so kalt, so zugeschneit!«[69] Und dann gibt es ja auch diese ganz andere Erfahrung von Zeit – *der Augenblick ist mein.* Kleine, tiefe Kairos-Momente, die passieren, in denen ich mich präsent, wach und verbunden, in Resonanz mit dem Leben fühle. Das stellt die Alltagserfahrung der rasenden Zeit nicht ab und beendet nicht die zäh und qualvoll langsam schleichende Zeit. Diese Momente passieren mitten in der Zeit, die so ist, wie sie ist.

Irgendwann mal bin ich mit ein paar Menschen durch die Stadt gepilgert. Ganz langsam durch die Fußgängerzone, die Markthalle, den Hauptbahnhof, die Turboorte der Stadt. Ich gaaaanz langsam und um mich herum Gewusel. Ich kam mir vor wie in diesem Standing-still-time-laps-Videoeffekt (keine Ahnung, wie das richtig heißt), der manchmal in Dokumentationen verwendet wird: Ein Mensch steht still und um ihn herum rast alles im Zeitraffer an ihm vorbei. Ich meinte, die Zeit in verschiedenen Tempi fließen zu fühlen. Dabei ist ja die Frage: Was fließt da eigentlich?

Physikalisch-philosophisch ist die Zeit ein faszinierendes Ding, und ich bin weit entfernt davon zu verstehen, was da alles verhandelt wird. Was ich meine verstanden zu haben, ist, dass die Zeit von Bezugssystemen abhängt. Bei Lichtgeschwindigkeit und in der Nähe eines Schwarzen Lochs vergeht kaum Zeit. Das Zwillings-Beispiel ist bekannt: Eine Astronautin, die mit Lichtgeschwindigkeit durchs All reist, wird bei ihrer Rückkehr auf die Erde weniger gealtert sein als ihre auf der Erde zurückgebliebene Zwillingsschwester.

In Einsteins allgemeiner Relativitätstheorie gehört die Zeit ja selbst zum Gewebe der Welt und ist untrennbar mit dem Raum verknüpft. Diese Raumzeit wird von Materie beeinflusst und beeinflusst umgekehrt deren Bewegung. Die Zeit reagiert also auf die Welt und fließt je nach Ort schneller oder langsamer. So bewegen sich die Zeiger der

Uhren in den Bergen schneller als die am Meer. Ich kann das kaum noch denken, aber das heißt ja wohl, dass man in den Alpen weniger Zeit hat, ein Buch zu lesen, dafür sind die Spaghetti schneller gekocht, und man wird schneller älter als am Nordseestrand.

Es gibt unterschiedliche quantentheoretische und andere Verständnisse von Zeit, auch die, dass die Zeit eine Illusion sei. In meinem konkreten Erleben ist es aber so, dass ich die Dinge von Moment zu Moment und in gefühlten Spannen erlebe. Und das, was in diesen Momenten und Spannen geschieht und wie ich es empfinde, macht die Qualität von gefühlter Zeit aus. Auch, wenn das vielleicht nur eine Illusion ist. Zeit ist also vielleicht mehr die Qualität unserer Wahrnehmung und Empfindung als die Bewegung von Zeigern an der Uhr. Ich erlaube mir, Zeit als eine Beziehungsdimension unseres Bewusstseins zu unserer Mitwelt zu verstehen.

Vor einigen Jahren bin ich in den »Verein zur Verzögerung der Zeit« eingetreten. So direkt klappt das noch nicht mit der Zeitbeeinflussung. Aber es gefiel mir, mich als Mitglied zu verpflichten »zum Innehalten, zur Aufforderung zum Nachdenken dort, wo blinder Aktivismus und partikulares Interesse Scheinlösungen produzieren«.[70] Dem Verein ist es ernst. Er will unsere Lebenswelten vor der zerstörerischen Wirkung von Beschleunigung schützen. Privatsphäre, Spiritualität, Bildung und Wissenschaft, die Kunst, die Ökonomie, die Politik und die Freizeit hätten unterschiedliche, schützenswerte Eigenzeiten. Der zerstörerischen Wirkung von Beschleunigung, Wettbewerb und messbaren, quantitativen Vergleichen, die zu Grundprinzipien unserer Gesellschaft geworden seien, gelte es etwas entgegenzusetzen: Räume, Strukturen und Projekte, in denen Resonanzerfahrungen und Werterfahrungen und die Zeit als sinn- und glückerfüllt erlebbar werden. In seinem Zeitmanifest fordert der Verein Respekt vor den »unverrückbaren Eigenzeitlichkeiten und Rhythmen der Natur. In der Verantwortung auch für kommende Generationen sind räumliche und zeitliche Manipulationen der Natur so weit einzudämmen, dass die natürlichen Grundlagen des Lebens in ihren komplexen Systemen nachhaltig bestehen können.«[71] Dazu gehört es auch, über den Tod als Teil des Lebens nachzudenken und eine lebensbejahende Haltung zu unserer Endlichkeit zu entwickeln – Humilitas.

Räume, Strukturen und Projekte, in denen Resonanzerfahrungen und Werterfahrungen, Sinn und Glück erlebbar werden – konsumfreie Räume, unvermessene Zeiten –, das empfinde ich als Luxus und Labsal. Für mich sind das Klöster, Kinos und Wälder, Museen, das Meer, mein Bett, Bibliotheken und Berghänge.

Künstler schaffen solche Räume mit ihrer Kunst, die uns in ein Resonanzgeschehen hineinnimmt, wenn wir ihnen zuhören, zusehen, sie lesen, ihre Bilder betrachten. Oft erleben wir, dass die Zeit dann anders strömt. Zu schnell, schön langsam oder irgendwie geschwungener. Künstler brauchen selbst Resonanzräume, um ihre Kunst zu erschaffen, also ihre Ateliers, ihre Leinwände, die Bühne, das Publikum. Manche Künstler sind dazu auch noch selbst ihre eigenen Resonanzräume. Schauspieler und Perfomancekünstler zum Beispiel. Ihre Kunst entsteht aus dem, was sie ganz konkret in einer Performance tun, mit ihrem Körper und ihrer Anwesenheit. Und so sind sie selbst ihr eigenes Instrument. Was dem Musiker sein gestimmtes Cello, der Malerin ihre grundierte Leinwand, ist Performancekünstlern ihr Körper und ihre Präsenz.

Die Performancekünstlerin Marina Abramovic hat nach Wegen gesucht, wie sie sich in Präsenz und Konzentration üben kann. Dabei ist die *Abramovic-Methode* entstanden. Es ist eine Erfahrung eigener Qualität, Abramovic zuzuhören, wenn sie ihre Methode erklärt. Der Klang ihrer Stimme, ihre Konzentriertheit und fast körperlich spürbare Präsenz – es ist greifbar, worum es ihr geht: Um Präsenz, also die Sammlung von Körper, Geist und Empfinden, um das Ganz-und-gar-anwesend-Sein mit allem, was zu meiner Person dazugehört in diesem Augenblick an diesem Ort. Ein Zustand, in dem die Künstlerin im Gewahrsein des Moments mit sich und dem, was um sie ist, verbunden ist. Offen für den Augenblick. Nach den Pandemiemonaten sei es besonders wichtig, sich wieder mit sich selbst zu verbinden, sagt Abramovic.

Ihre Methode umfasst vier Disziplinen: Wasser trinken, Reis zählen, langsam gehen und in die Augen schauen.

Klingt banal, ist tatsächlich aber Substanz und Essenz ihrer künstlerischen Arbeit. Es sind anspruchsvolle asketische Exerzitien, die körperliche und geistige Grenzen überschreiten lassen. Ich empfehle, der Künstlerin selbst zuzuhören und zuzusehen, wenn sie ihre Disziplinen erklärt und zeigt, das ist eindrucksvoll und allein das macht schon was mit mir. Sie erklärt ihre Methode in einem Film, der frei zugänglich im Netz zu finden ist:

→ https://abramovicmethod.wetransfer.com

Wasser trinken. Wir haben ein Glas mit Wasser vor uns, nicht zu voll und nicht zu leer. Wir trinken das Wasser so langsam wie möglich, während wir unsere komplette Konzentration darauf und unsere Aufmerksamkeit ganz auf den wichtigsten Moment legen: das Hier und Jetzt. Du bist hier mit diesem Glas Wasser, und nichts anderes passiert im Gehirn, totale Leere, Einfachheit, in Präsenz sein. Das Erste, was wir tun, ist, das Wasser hochzuheben, und wir schließen die Augen, und dann langsam, sei ganz präsent mit dem Glas Wasser in der Hand, dann langsam, sehr sehr langsam, führst du die Lippen an den Rand des Glases. Fühl die Kälte und Härte des Glases, fühl die Flüssigkeit sich im Glas bewegen. Öffne die Augen wieder, schau ins Wasser, und nimm einen winzigen Schluck, spüre die Flüssigkeit im Mund, den Geschmack des Wassers, den Geruch des Wassers, und wenn du schluckst, langsam, langsam, schau, wie es in dein System übergeht, in deinem Körper eindringt und jede Zelle deines Seins nährt. Normalerweise trinken wir Wasser nebenbei. (…) In dieser Übung trinkst du in totalem Gewahrsein hier und jetzt. Diese Übung sollte mindestens 15 Minuten dauern, maximal eine Stunde. Danach trinkst du nie mehr ein Glas Wasser, ohne dich an diese Übung zu erinnern.

Reis zählen. Wir haben Reis (ich schätze, sie hat eine 250-Gramm-Packung vor sich ausgekippt) und schwarze Linsen und ein Blatt Papier und einen Stift. Das ist alles. Ich mische den Reis und die Linsen mit beiden Händen. Es ist sehr gut, Risotto-Reis zu nehmen, die Körner sind groß und brechen nicht. Jetzt, wenn wir Reis und Linsen gemischt haben, müssen wir die wichtigste Entscheidung treffen: Wie viel von dieser Menge wollen wir zählen? Diese Entscheidung ist extrem wichtig. Dann trennen wir die Linsen vom Reis und zählen zuerst die Linsen und dann den Reis, bis kein ungezähltes Korn mehr übrig ist. Wenn du das machst, wenn du entscheidest – meiner Erfahrung nach dauert diese Menge zu zählen 6, 7, 8 Stunden –, wenn du entscheidest, jedes Korn zu zählen, dann zählst du jedes Korn. Es ist buchstäblich eine Frage von Leben und Tod. Wenn du nach der Hälfte aufgibst, hast du die gleiche Haltung auch im Leben. Ich bin vorsichtig und nehme erst mal eine Handvoll, damit kann ich klarkommen. Und dann zähle ich zuerst die Linsen, dann den Reis. Und nehme den Stift und schreibe immer Zehner auf, zehn, zwanzig, dreißig usw. untereinander, immer wenn ich zehn Linsen vom Reis getrennt und gezählt habe. Das ist eine dumme Übung, und man fragt sich, warum mach ich das? Und es ist wirklich die größte Übung, die ich für mich selbst je gemacht habe. Am Anfang ist es amüsant, und du bist ganz schnell. Nach fünf, spätestens nach zehn, zwanzig Minuten fängst du an, gelangweilt zu sein, und willst nicht mehr, und zugleich weißt du, dass du dir versprochen hast zu zählen. Du wirst nervös, du wirst ärgerlich, du atmest schneller, du willst nicht weitermachen. Aber wenn du an diesen Punkt kommst, das ist der entscheidendste Punkt, wenn man die Übung zu hassen beginnt und sich ärgert. Du musst diesen Punkt überschreiten. Wenn du den Punkt überschreitest und denkst, ich zähle das jetzt zu Ende, dann wird dein Atem regelmäßig und sehr, sehr entspannt, und die Zeit hört auf, zu existieren. Wenn du wirklich in der Gegenwart bist, existiert die Zeit nicht mehr. Reis zählen bringt dich in Kontakt mit dir selbst. Wenn du Reis zählen kannst, kannst du auch leben.

Langsam gehen. In der Abramovic-Methode ist das langsame Gehen (slow motion walk) eine wichtige Übung. Wir leben schnelle Leben. Computer, Telefone, Uhren oder andere Arten von Technik. Einmal in der Woche, einmal am Tag, einmal im Monat mindestens sollten wir uns in der Natur einen langsamen Gang vornehmen. Heben, strecken, berühren. Heben, strecken, berühren, bewegen. Heben, strecken, berühren, bewegen. In dieser Weise, sehr langsam atmend, machen wir einen langsamen Gang. Denk nicht daran, wo du herkommst oder wo du hingehen willst. Einfach gehen, als eine konstante, andauernde Slow-Motion-Meditation.

Einander in die Augen schauen. In die Augen schauen ist eine wichtige Übung. Man sagt, die Augen sind das Tor der Seele. Bei meiner Perfomance »The artist is present« wurde deutlich, dass das wahr ist. Wie kannst du das am besten machen? Finde einen bequemen Stuhl. Sitz auf dem Stuhl, aber lehne dich nicht an, sitze aufrecht und fokussiere meine Augen, den Bereich zwischen den Augen. Wenn du dorthin schaust, siehst du beide Augen gleichzeitig. Und der wichtigste Teil dieser Übung: Bewege dich nicht. Bewege deinen Körper nicht. Das scheint einfach, aber sobald du startest, fängt es an, dich zu jucken, fühlst du den Muskel, der gestreckt werden möchte, was auch immer. Bewege dich überhaupt nicht. Atme regelmäßig. Wenn du nervös wirst, atmest du schneller. Damit diese Übung gelingt, ist es wichtig, langsam zu atmen, durch die Nase, ein und aus, und je langsamer du atmest, desto konzentrierter bist du. Und vergiss die Zeit. Schau in meine Augen. Und was fühlst du und wie erlebst du es? Du erzählst es nicht. Es ist deins. Und jede einzelne Person hat eine andere Geschichte. Also, lass uns zusammen in dieses Abenteuer gehen. Sitz bequem, atme langsam, und schau mir in die Augen. Wir beginnen jetzt.

Achtsamkeitsübungen. Vieles davon bekannt aus meditativen Übungswegen. Im Zen-Buddhismus gibt es das Kinhin, das achtsame Gehen oder das Zählen des Atems. Auch das Überwinden von inneren Widerständen gehört zur Meditationspraxis dazu. Einander in die Augen sehen kennt man im Tantra.

Die Performance »The artist is present«, in der Marina Abramovic drei Monate lang an einem Tisch im New Yorker Museum of Modern Art saß und dazu einlud, sich ihr gegenüber zu setzen und ihr in die Augen zu schauen, zeigt, was allein das schon mit einem Raum und mit Menschen macht: dass da eine sitzt, die bereit ist, mich schweigend anzuschauen. Dass eine Frau dasitzt, bereit, etwas zwischen uns geschehen zu lassen Und welcher Mut, sich zu zweit aufeinander einzulassen und sich diesem unplanbaren Geschehen auszusetzen. Das Innehalten, ohne jede Ablenkung, lässt die Alltagsfassaden in sich zusammenbrechen. Deshalb liefen bei Abramovics Performance wohl so viele Tränen über die Gesichter ihrer Gegenüber.

Das Wort Achtsamkeit hat in den letzten Jahren durch seine Allgegenwart als Hashtag unter Bildern mit Lotusblüten, Steinmännchen am Strand, Spiralen im Sand und Yoga im Sonnenuntergang den seichten Beigeschmack von Latte Macchiato mit Reismilch bekommen. Dem, worum es geht, wird das nicht gerecht. Wenn Abramovic über Reiskörner spricht, langsam durch den Wald geht oder dazu auffordert, ihr in die Augen zu blicken, dann ist das nicht seicht. Dann spricht die Künstlerin, die in ihren Performances ihr Leben aufs Spiel setzt. Sie wird verletzt, blutet, schwitzt, leidet, wird ohnmächtig, isst ein ganzes Kilo Honig auf und atmet den Atem ihres Partners, bis kein Sauerstoff mehr da ist, sie schneidet sich die Haut auf, rennt nackt mit Wucht gegen die Wand, noch mal und noch mal und noch mal. Wenn ich ihre schlichten Übungs-

Videos sehe, sehe ich das mit. Aber vielleicht bräuchte es das gar nicht, um zu spüren, dass es beim Reiszählen ums Ganze geht. Es mag ihr Nimbus als Künstlerin sein, der mich beeindruckt, wenn ich meine, ihre Präsenz physisch zu spüren. Wie auch immer: Achtsamkeit à la Abramovic ist nicht seicht. Es geht um alles. Und um die Bereitschaft, sich aufs Spiel zu setzen. Darum geht es in ihrer Kunst. Darum geht es in jedem Augenblick des Lebens.

Kunst zu erschaffen, so wie Abramovic es tut, ist ein Akt der Demut. Die Demut ist eine empfangende Haltung, die sich den Augenblick schenken lässt. Solche Präsenz zu erleben, ist unverfügbares Geschehen, ein Geschenk – die radikalsten Exerzitien können das nicht bewirken. Aber sie bereiten uns vor, richten das Bewusstsein aus und entkrusten die Wahrnehmung.

Indem wir üben, uns für den Kostbarkeitscharakter des Augenblicks zu öffnen, werden wir zu Resonanzkörpern unseres eigenen Lebens.

25 PROZENT

Als es mich einmal packte und ich im Überschwang und zu 75 Prozent im Scherz zu einem Benediktiner-Mönch sagte, dass ich jetzt wohl gern direkt in seinen Orden eintreten wolle, sagte er: »Du bist doch schon drin!« So leicht kann es gehen …

Tatsächlich kann ich die Radikalität der Entscheidung, Ordensmensch zu werden, gar nicht ermessen. Aber vielleicht hat der Mönch es doch ernster gemeint, als ich dachte, als er mich mir nichts dir nichts zum Ordensmitglied erklärte. Möglicherweise dachte er so ähnlich wie der Priester und Religionsphilosoph Raimon Panikkar. Der schreibt: »Nicht jeder kann oder sollte überhaupt in ein Kloster eintreten, aber jeder trägt den Archetyp des Mönchs in sich, den es zu pflegen gilt. Das Monastische ist ein Grundbaustein, ein Teil, eine Dimension des Wesens Mensch.«[72] Dabei versteht Pannikar das archetypische Mönchtum überkonfessionell, als von Anfang an zum Wesen der Religion gehörend, unabhängig von deren Ausrichtung.

Diese monastische Dimension des Lebens meldet sich in einer großen Sehnsucht nach Einfachheit. »Selige Einfalt«

nennt Pannikar sie und begreift sie als das monastische Prinzip schlechthin. Einfachheit ist dabei nicht mit naiver Beschränktheit zu verwechseln. Sie geht einher mit der Demut, die Ordensleuten seit Anbeginn als die entscheidende Tugend gilt. Die Demut ist die Tugend der Einfachheit, Echtheit und Wahrhaftigkeit. Der Franziskaner-Pater Richard Rohr beschreibt die Geisteshaltung der Einfalt so: »Menschen, die ganz in der Gegenwart sind, vermögen vollständig, treffend und wahrhaftig zu sehen. (…) Versuche einfach, das Herz offen zu halten, den Verstand freizuhalten von Spaltung und Abwehr und nicht körperlich irgendwo anders zu sein! Präsenz ist die praktische und tägliche Herausforderung jeder reifen Form von Religion und aller spirituellen Übungen.«[73]

Einfachheit und gelassene Präsenz gehen Hand in Hand. Und es ist vertrackt mit den beiden: Wir können sie einüben, aber wir haben es nicht in der Hand, dass sie sich einstellen. Dass sie sich ereignen, ist unverfügbar. Das Üben ist das eine, aber im Üben müssen wir loslassen. Im Bemühen, in der Konzentration der Übungen und Exerzitien müssen wir uns lassen und gelassen werden. Konzentriert loslassen müssen. Das klingt so schwer und so einfach und so paradox, wie es ist.

Die Sehnsucht der modernen monastisch-archetypischen Lebensspur geht noch weiter, nämlich dahin, auf dem Weg der Einfachheit auch die Fülle des menschlichen Lebens leben zu wollen. Darum kann sie sich an ganz unterschiedlichen Orten verwirklichen: in der Sexualität, in der Familie, in der Politik, in der Meditation.

Einige Ordensleute erzählen, das Klosterleben sei das größte Abenteuer ihres Lebens: Sie wissen nicht, was es mit ihnen machen wird, und es macht andauernd etwas. Ein Lebens-Exerzitium. *Exerzitien* – das Wort stammt vom lateinischen »exercere« ab, was wir mit üben, trainieren, erproben, ertüchtigen übersetzen können. Reis zählen. Fünfmal am Tag beten. Wasser trinken. Schweigezeiten einhalten.

Die eigentliche Wurzel des Wortes lautet »arcere«, was einschließen, umzäunen, beschützen heißt. Das Üben von Exerzitien braucht einen umfriedeten, abgeschiedenen Raum. Ein Haus, ein Kloster, ein Atelier oder einen Ort in der Natur. Aber auch der zeitliche Rahmen umfriedet den Raum und ebenso die Übung selbst in ihrem meist klaren, strikten Ablauf. Ein solcher Raum schützt die, die ihn aufsuchen. Der innere Alltagswusel kann sich setzen. Der Geist ist wie ein Glas trüber Apfelsaft, voller Schwebteilchen, die sich setzen, und der Saft wird klar, wenn er ruhig steht.

Paradoxerweise bewirken gerade der Rückzug, die Stille und Konzentration eine Öffnung und lassen ganz im Sinne des Wortes, das ja ex-ercere heißt, Verschlossenes aufbrechen und die Wahrnehmung und das Bewusstsein sich öffnen und weiten. Sich einschließen (arcere) und sich öffnen (ex-ercere) gehören zusammen wie Ein- und Ausatmen, wie ora et labora, Geben und Nehmen. Der Rhythmus all unserer Lebensvollzüge.

Ich glaube nicht, dass wir solche Präsenz-Übungen wie das Reiszählen und so weiter machen *müssen*. Aber mit ihrer Hilfe können wir üben, anwesend, gesammelt, einfach zu sein.

Uns selbst wie eine Schale
dem Leben hinhalten.
Das ist Demut.

Exerzitien üben uns ein, präsent und einfach zu sein. Sie bereiten uns vor und trainieren unseren Geist und unsere Wahrnehmung, um solchen Momenten von Präsenz überhaupt gewahr zu werden und sie für eine Weile halten zu können, sie auszukosten und uns ihnen für einen Augenblick anzuvertrauen.

Wir sind dann wie Gefäße und können uns offenhalten für die sich hoffentlich einstellende Präsenz. Wir können uns selbst als Resonanzkörper einüben, als seien wir Instrumente. Ich mag für dieses Offenhalten und Einstimmen das Wort *Gewahrsein*. Gewahrsein ist die demütige Fre-

quenz des Bewusstseins. In der Gestalttherapie ist Gewahrsein ein geprägter Begriff und heißt bei Fritz Perls, dem
Mitbegründer der Gestalttherapie, sich der Spontaneität
zu überlassen: »Spontaneität ist das Gefühl, den gerade
ablaufenden Organismus-Umwelt-Prozess handelnd zu
erleben, nicht nur der Gestalter oder das Gestaltete darin
zu sein, sondern darin zu wachsen. Spontaneität ist nicht
gelenkt oder selbst-lenkend, noch ist sie ein Dahingetra-
genwerden, wobei man im Grunde unbeteiligt wäre, sondern sie ist ein Entdecken-und-Erfinden, während man
unterwegs ist, sich einlässt und anerkennt.«[74] Ein Demuts-
motiv des Gewahrseins ist die Bereitschaft, meine eigenen
Vorstellungen und vorgefassten Meinungen gleichzeitig
loszulassen und dennoch zur Verfügung zu haben, zu-
gunsten des Vertrauens in die Emergenz, in das spontane
Entstehen neuer Qualitäten und Strukturen. Jedes kleine
Element trägt das Seine bei, ein Sandkorn, ein offener
Geist, ein welkes Blatt.

Von einem welken Blatt erzählt der Podcaster und Schriftsteller John Green in seinem großartigen Buch »Wie hat
Ihnen das Anthropozän bis jetzt gefallen?«: »Mein Sohn
war etwa zwei Jahre alt, als wir eines Novembermorgens
einen Waldspaziergang machten. Wir (…) blickten in den
Wald im Tal, wo sich kalter Dunst an den Waldboden zu
klammern schien. Immer wieder versuchte ich, meinen
selbstvergessenen Zweijährigen für das Schauspiel in der
Naturkulisse zu begeistern. Schließlich hob ich ihn hoch,
deutete in Richtung Horizont und sagte: ›Schau dir das an,

Henry, schau es dir einfach an!‹ Und er sagte: ›Batt!‹ Ich fragte: ›Was?‹ Und er sagte noch einmal: ›Batt‹, und dann streckte er die Hand aus und rupfte ein braunes Blatt von einer kleinen Eiche gleich neben uns. Eigentlich wollte ich ihm erklären, dass man braune Eichenblätter im Osten der Vereinigten Staaten im November praktisch überall sehen kann und dass es im Wald nichts Langweiligeres gibt, aber dann sah ich, wie er das Blatt anblickte, und sah nun selbst hin, und dann merkte ich, dass es nicht einfach irgendein braunes Blatt war. Wie bei einem Spinnennetz verästelten und verzweigten sich die Adern in Rot, Orange und Gelb, in einem Muster, das zu komplex war, als dass mein Gehirn es hätte begreifen können, und je mehr ich gemeinsam mit Henry das Blatt betrachtete, desto tiefer wurde ich in eine ästhetische Kontemplation hineingezogen, die ich weder verstand noch wünschte, Auge in Auge mit etwas, dem meine Fähigkeit zu staunen noch gewachsen war.«[75]

Greens Erkenntnis ist, dass es auf das Wie und Ob des Blickes ebenso ankommt wie auf den betrachteten Gegenstand selbst und dass es nicht an Wundern fehlt, sondern an unserer Aufmerksamkeit und Bereitschaft, sie wahrzunehmen.

Im Zen-Buddhismus wird vom *Anfänger-Geist* gesprochen, was auch mit *nichtwissendem Wissen* umschrieben wird und meint, dass wir wie mit ganz neuen Augen wirklich hinsehen und dessen gewahr werden, was im Moment gegenwärtig ist.

Die Dinge anzusehen, ohne zu urteilen, ohne nach ihrem Sinn zu fragen, nur ihr Da-Sein anzusehen, kann Wunder offenbaren. Sandkorn, Kartoffel, Hymne. Ein Fisch, ein Stein. Maßliebchen und Löwenzahn. Der Wüstenvater Antonius soll gesagt haben: »Mir genügt die Physis der geschaffenen Dinge«, oder Charles de Foucauld: »Ich kann nicht hinsehen, ohne Gott anzubeten.«[76] Dieses Gewahrsein ist ästhetische Kontemplation, »Einübung darin, die Räume des Herzens und des Verstandes lang genug offen zu halten, damit der Verstand neues, bisher verborgenes Material sehen kann. Kontemplation gibt sich mit dem nackten Nun zufrieden und wartet auf Zukünftiges, wie Gott und Gnade es schenken. (…) Kontemplation will die Dinge sehen, wie sie sind, jenseits von Worten und Konzepten, die sonst allzu schnell die Realität ersetzen«,[77] sagt Richard Rohr.

Einfachheit: nur da sein, atmend mit
dem allverwobenen Lebensgespinst
verbunden, der unbegreiflichen Größe
puren Existierens ebenso gewahr
wie des Kostbarkeitscharakters von
Winzigkeiten und Augenblicken,
denkend und empfindend. Das ist für
mich das initiale Moment der Demut
und für manch Fromme unter uns:
das initiale Moment des Gebets.

WIRBELTIERE

Ihre Bewegungen sind eingefroren: ausgestopfte Geparde und Eichhörnchen mitten im Sprung, der gelangweilt schlendernde Wolf, eine sich schlängelnde Otter, die Fledermaus mit ausgespannten Flügelchen. Die Bewegungsmuster von Wirbeltieren sind im Naturkundemuseum Graz zu sehen. Zwischen den ausgestopften Tieren und Skeletten steht auf einem Podest eine Frau, barfuß, aufrecht, Mitte dreißig, helle Kleidung, kurze Haare, die Hände im Mudra, einer meditativen Handhaltung: Daumen und Zeigefinger berühren sich, die drei anderen Finger sind entspannt gestreckt. Das Mudra unterstützt die Konzentrationsfähigkeit. Das braucht die Frau. Sie ist nicht ausgestopft. Ihr Herz schlägt, sie atmet und schaut konzentriert über die Besucher hinweg. Sie steht. Zwischen Maulwürfen, Kreuzottern, Chamäleonen und Ratten. Sie steht. Fünf Stunden lang. Zwischen Kriechen, Sturzflug, Tauchen, Buddeln, Jagen, Klettern steht Ana Mendes und stellt sich selbst als Homo sapiens aus. *Eine Fabel über Europäer. Neue Blicke auf Homo sapiens in unseren Weltbildern* nennt die Performance-Künstlerin ihre Body-Art-Aufführung. Die Erläuterung dazu: *Moderner Mensch, Zellen, Gewebe, Organe, Skelett, Kreis-*

lauf-, Verdauungs-, endokrines, lymphatisches, Nerven-, Atmungs- und sensorisches System, Haut, Muskeln und Reproduktionsorgane. Weißer Stoff, Faden, Knöpfe, Haut: Seife, Bodylotion, Lotion, Tagescreme, Augenbalsam, Foundation, Nagellack, Augen-Mascara.

Wir sind in einem Übergang. Alles ändert sich, aber wir wissen noch nicht, was das für uns als Menschheit bedeutet. Wenn Ana Mendes sich als Wirbeltier unter Wirbeltieren ausstellt, stellt sie den Menschen in den Kontext von Zoologie und Evolution. Da gehört er auch hin, daran tut alles menschliche Bewusstsein, alle Fähigkeit der Selbstreflexion und Sinnsuche keinen Abbruch. Wir unterscheiden uns genetisch kaum vom Affen und auch nicht sehr von einer Fliege. Es ist uns bewusst, dass auch unsere Art vermutlich irgendwann aussterben wird. Und den meisten ist bewusst, dass wir gerade alles tun, damit das möglichst schnell passiert.

Was uns von anderen Wirbel- und Säugetieren unterscheidet, ist unter anderem unsere Fähigkeit, über uns hinaus zu fragen. Ist die Erde noch zu retten?, fragen wir und meinen eigentlich: Ist die Menschheit noch zu retten? Die Welt wird sich ein paarmal schütteln wie ein nasser Hund und weiterleben, wenn sie uns los ist. Aber was ist mit uns Menschen? Was ist die Alternative zum Aussterben? Der Philosoph Richard David Precht sieht zwei Tendenzen. Die eine ist die Überwindung des Kapitalismus. Die andere die Überwindung des Menschen. Erstere ist ein radikales Ausbrechen aus der gnadenlosen neoliberalen Steigerungslogik, in der das Anthropozän zum Monetozän, zu einem Zeitalter, in dem das Geld herrscht, geworden ist. Ein Ausstieg aus dieser Logik würde bedeuten, dass wir aufhören, die Natur als wirtschaftliche Ressource innerhalb unseres kapitalistischen Verwertungsinteresses zu betrachten und dass wir beginnen, sie als schützenswertes Leben zu sehen, dem eine eigene Würde zukommt.

Die zweite Tendenz meint die Überwindung des Menschen: Die Loslösung des Homo sapiens von den Fesseln seiner Biologie, die Optimierung des Menschen mithilfe von Technologie beziehungsweise die »Vermenschlichung« von Maschinen mithilfe künstlicher Intelligenz. Nicht nur, dass der Intelligenz-Begriff an dieser Stelle kritisch zu reflektieren wäre – Precht malt ein treffendes Bild: Die technische Optimierung des Menschen ist so, als würde die Menschheit im Wissen, dass der Keller brennt und die Flammen immer schneller nach oben steigen, wie irre den Dachstuhl immer weiter ausbauen: »Warum hält er nicht inne, um zu löschen?«[78]

Der Philosoph Max Scheler stellt fest, das der »Mensch als Vitalwesen ganz ohne Zweifel eine Sackgasse der Natur«[79] ist und zugleich in ihm der »herrliche Ausweg aus dieser Sackgasse« liegt. Im Sinne der Demut ist eine postanthropozentrische Wende alternativlos. So oder so müssen wir demutsvoll anerkennen, dass, ob wir wollen oder nicht, das Anthropozän die Zerstörung der Lebensgrundlagen des Menschen bewirkt. Es wird kein Weg daran vorbeiführen, dass die Menschheit sich neu erfinden, neu entwerfen muss. Wenn es gut geht, dann ohne dabei etwas von ihrer Schönheit oder »Außergewöhnlichkeit inmitten der noch unzähligen Arten zu verleugnen,«[80] hofft der Philosoph Claus Eurich. Wir haben es in der Hand.

Im Sinne der Demut wird, wer die Menschheit sein wird, wer wir sein werden, sich wohl weniger daran entscheiden, wie fantastisch wir darin werden, den Unterschied zwischen Mensch und Maschine aufzuheben, sondern vielmehr daran, wie sehr wir die Würde allen Lebens achten, das wir so leichtfertig zerstören, obwohl es unersetzbar ist.

Im Sinne der Demut kann es nicht
mehr nur um Menschenrecht gehen.
Es muss um Lebensrecht gehen.

Als am 10. Dezember 1948 die Generalversammlung der Vereinten Nationen die Allgemeine Erklärung der Menschenrechte verabschiedete, war das ein unglaublicher Schritt. Eine ungeheure Leistung, dass wir Menschen das Vermögen hatten, nach einer der größten, von Menschen verantworteten Katastrophen der Geschichte zu sagen: Wir entwerfen uns neu! Wir wollen auf

neue Weise Mensch sein – die Würde *jedes* Menschen ist
unantastbar!

Und doch, mit heutigen Augen, mit demutsvollem Geist,
scheint es merkwürdig, dass Erde, Pflanzen und Tiere nicht
vorkommen. Dass es nicht eine Allgemeine Erklärung des
Lebensrechts wurde, wie Claus Eurich es fordert.

»Auf einem der kleineren unter den Millionen von Ge-
stirnen leben seit einer kurzen Spanne Zeit Menschen-
wesen. Auf wie lange? Irgendeine Herabsetzung oder Steigerung der Temperatur der Erde, eine Achsenschwankung
des Gestirns, eine Hebung des Meeresspiegels oder eine
Änderung in der Zusammensetzung der Atmosphäre
kann ihrem Dasein ein Ende setzen.«[81] Was so klingt, als
hätte es jemand mit einem Faible für altmodische Sprache im Vorwort des Weltklimaberichtes aufgeschrieben
oder auf einer Fridays-for-future-Kundgebung verlesen,
schrieb vor etwa 100 Jahren der Theologe, Arzt und Musiker Albert Schweitzer. Kurz davor, 1919, sprach er das erste
Mal öffentlich über seine Gedanken zur *Ehrfurcht vor dem
Leben.* Schweitzer verlässt das anthropozentrische Denken und erklärt alles Leben, ausnahmslos, als heilig. »Was
wir für die Erde bedeuten, wissen wir nicht. Wie viel weniger dürfen wir uns dann anmaßen, dem unendlichen Universum einen auf uns zielenden oder durch unsere Existenz erklärbaren Sinn beilegen zu wollen.«[82] Die Erde ist
viel mehr als nur ein Zuhause für die Menschheit.

Ehrfurcht vor dem Leben scheint uns im Umgang mit dem Lebewesen Erde völlig abhandengekommen zu sein. Ehrfurcht vor dem Leben scheint uns im Umgang mit Tieren, »unseren nächsten Verwandten«[83] abhandengekommen zu sein, das zeigen allein die Zahlen, die den Bereich des Vorstellbaren weit überschreiten: Wir rotten jedes Jahr bis zu 58 000 Tierarten aus. Weltweit werden pro Jahr über 60 Milliarden Tiere geschlachtet, in Deutschland sind es 745 Millionen Tiere. »Wir morden und plündern also nicht nur wahllos in den Refugien des Lebens auf unserem Planeten, sondern wir produzieren in kaum vorstellbarer Weise Lebewesen, nur um sie dann nach einem überwiegend entwürdigenden Dasein wieder auf schreckliche Art hinzurichten«,[84] urteilt Claus Eurich.

Mit Albert Schweitzer aber kann unser menschliches Leben nur konvivial gedacht werden: Der Demut entspricht es zu erkennen, dass wir, so Schweitzer, Leben sind, »das leben will inmitten von Leben, das leben will«.[85]

Mein eigenes Recht zu leben ergibt
sich aus dem Lebensrecht jedes
Lebens. Ich bin einmalig, und jedes
Sein ist einmalig. Und die Ehrfurcht
vor dem Leben muss die Ehrfurcht
vor dem eigenen Leben einbeziehen.

»Die Ehrfurcht und Achtung vor dem kosmischen und geschöpflichen Teil meines Seins und meines Wesens spitzt die Ehrfurcht vor dem Leben erst in ihrer ganzen Tragweite zu. Nun werden mir meine Verantwortung und meine Grenzen bewusst, verstehe ich auch meinen Auftrag im Dienst am Ganzen!«[86]

Ich glaube nicht, dass die Demut die Menschheit retten wird. Aber ich glaube, dass wir uns nicht retten können werden, ohne eine Ehrfurchtsethik, wie Albert Schweitzer sie entwickelt hat. Und dafür brauchen wir die Rückenschule der Demut. Jeden Tag erhalten wir ja Lektionen in Demut, die uns sagen:

Ihr könnt euch nur retten, wenn es
euch nicht mehr nur um euch geht.

Demut heißt,
den eigenen Platz im Ganzen finden.

Wir brauchen die **Wahrhaftigkeitskraft** der Demut, die
sieht: Vieles ist nicht mehr zu heilen, was wir der Welt und
uns selbst an Schaden zugefügt haben. Vieles ist endgültig
zerstört. Die Wahrhaftigkeit sieht die Zwiespältigkeit des
Homo sapiens, der gierig und zerstörerisch ist und liebe-
voll und emphatisch.

Wir brauchen die **Visionskraft** der Demut, die sieht, wie
es sein sollte.

Wir brauchen die **Geistesgegenwart** der Demut, die weiß:
In den Herrschaftsenergien des Kapitalismus gehen die
zarten Werte kaputt, die das Leben nicht beherrschen,
sondern mit ihm in Beziehung sein wollen.

Wir brauchen die **Gewahrseinskraft** der Demut, um in
purer Präsenz der Kostbarkeit und Schönheit, Fragilität

und Kraft allen Seins gewahr zu sein und der Würde allen Lebens. Um kairoshaltige Momente wahrzunehmen, in denen ich im Strom des Seins stehe und neue Ideen und Kräfte aufleuchten sehe.

Wir brauchen die **Humilitas,** die um die Endlichkeit ebenso weiß wie um die Wachstums- und Erneuerungskräfte.

Wir brauchen die **Erschütterbarkeit** und **Zärtlichkeit** der Demut, um Schutzräume von Lebewesen zu achten. Um der Ästhetik des Lebensgespinstes gewahr zu sein. Um mitzuzittern, wenn es erschüttert wird.

Wir brauchen den **Humor** der Demut, um über all das absurde Zeug zu lachen, das wir Leben nennen.

Wir brauchen den **Wundersinn** der Demut, um über Grashalme, Schmeißfliegen, Küsse, Milchstraßen, Zebrastreifen und Symphonien zu staunen und über eine Träne und Menschen, die uns unerwartet ins Herz rennen, und Wacholderschnaps. Lakritz und Gladiolen nicht zu vergessen.

Wir brauchen die **Geschmeidigkeit** der Demut, um in die Knie zu gehen in Ehrfurcht vor der Schönheit, der Ungeheuerlichkeit und Erhabenheit allen Lebens.

LIEBE SEI TAT

Gespräch mit Schwester Teresa

G e n e r a l o b e r i n: Der Titel einiger leitender Ordensfrauen klingt nach Feldmarschall und militärischer Strenge. Vielleicht war das mal so. Sicher ist es so bis heute in einigen Klöstern. Es gibt diese finstere Seite des Ordenslebens: Klöster, in denen gezüchtigt und missbraucht wird, und das unter dem Deckmantel einer zum Machtinstrument verzerrten Demut.

Die Ordensleute, die ich kennengelernt habe, verkörpern eine andere Seite der klösterlichen Frömmigkeit. Ihre tiefe Treue zu ihrem Orden und dessen jeweiliger geistiger Praxis ist von einem Demutsbegriff getragen, der sich bestens verträgt mit einer großen inneren Freiheit im Denken und Empfinden. Bei allem Respekt vor der kirchlichen Lehre ist ihnen diese nicht die höchste Autorität, das ist vielmehr der Dienst am Menschen und Menschlichen – und darin: am Göttlichen.

Überraschend offen und kritisch sind – Gott sei Dank! – viele Ordensleute, wo es um den Umgang von

Kirche mit Missbrauch und Zölibat geht. Sehr deutlich fordern viele von ihnen Reformen kirchlicher Machtstrukturen und halten die Zulassung von Frauen im Priestertum für überfällig. Und während für mich grundsätzlich klar ist, dass ich als evangelische Christin nicht an der Eucharistiefeier, also dem katholischen Abendmahl, teilnehmen kann, weil die katholische Lehre dies verbietet und es für Priester große Schwierigkeiten bedeutet, wenn sie dagegen verstoßen, haben mich Mönche sehr tiefenentspannt und mit absoluter Selbstverständlichkeit dazu eingeladen.

Ich denke an die Nonne, die einen Großteil ihres Lebens medizinische Hilfsstationen in Brasilien aufgebaut hat und immer wieder ihre Vorstellungen von Moral über den Haufen werfen musste, weil Menschliches und Allzumenschliches nun mal den Bewertungsrahmen von gut und schlecht zu sprengen pflegen. Dass sie Goldgräbern, die sich im Morast Malaria einfingen, erst mal die Waffen abnahm und in ihrem Nachtschrank verstaute, bevor sie sie behandelte (und auch dortbehielt, nachdem die Herren wieder entlassen waren), gehört noch zu den komfortableren Begegnungen, ist aber auch schon: gelebte Humilitas.

»Liebe sei Tat« ist der Leitsatz des Ordens der Vinzentinerinnen. Generaloberin Schwester Teresa gehört nicht zur Fraktion Feldmarschall und ruft auch nicht morgens zum Appell. Sie ist so etwas wie die Vorstandsvorsitzende ihrer Ordensgemeinschaft und Managerin der Hildesheimer Vinzentinerinnen. Wie sich das für eine Managerin gehört, hat sie ein Büro mit Vorzimmer und Sekretärin, einen überlaufenden Terminkalender und das Smartphone immer griffbereit in der Tasche ihres schwarzen Ordenskleides. Schwester Teresa ist klein, zart und energisch und wirkt im ersten Moment streng in ihrem Schleier und Habit. Aber dann überrascht ihre vollkommen unprätentiöse, ausgesprochen kluge und zugleich unglaublich herzliche, humorvolle und selbstironische Art. Tiefe, Humor und Menschlichkeit – es macht Spaß und ist ein Gewinn, mit ihr zu reden. Und es tut gut. Sie kennt die Höhen und Tiefen des Lebens.

Die vollständige Bezeichnung ihres Ordens lautet: »Kongregation der Barmherzigen Schwestern vom heiligen Vinzenz von Paul«. Die Gemeinschaft wurde im 17. Jahrhundert vom heiligen Vinzenz von Paul und Louise von Marillac gegründet. Vinzenz von Paul war ein französischer Priester, der sich mit Haut und Haar für die Hilfe und Fürsorge armer und kranker Menschen eingesetzt hat. Louise von Marillac war eine französische Adelige. Sie begegnete Vinzenz von Paul, als sie nach dem Tod ihres Mannes, über den sie gar nicht hinwegkam, einen Seelsorger suchte. Die Begegnung mit Vinzenz von Paul ließ sie ihr komplettes Leben umkrempeln, und das in einer Weise, die die adelige Gesellschaft empörend fand. Louise setzte sich aber darüber hinweg und sorgte für die Bildung junger, armer Mädchen, betreute kranke Menschen, Findelkinder und Strafgefangene.

Dem Leitsatz von Vinzenz »Liebe sei Tat« folgen die Vinzentinerinnen bis heute und betreiben Altenheime, Krankenhäuser, Frauenhäuser, setzen sich für Menschen ohne Obdach und Geld ein. Am Rande von Dreharbeiten im Kloster der Vinzentinerinnen (wenn die Kameras aus sind, beginnen meist die wirklich guten Gespräche …) hatten Schwester Teresa und ich ein zufälliges, kurzes Gespräch über die Demut, das so schnell in die Tiefe führte, dass ich es unbedingt mit Zeit fortsetzen wollte. Das taten wir an einem Vormittag im ersten Corona-Advent, an einem großen Tisch mit viel Abstand, der von ordentlichen Bergen an Dominosteinen und Spekulatius überbrückt wurde.

Schwester Teresa: Ja, gern führen wir unser Gespräch weiter, aber sagen Sie doch mal, was Sie selber faszinierend finden an der Demut?

Annette: Ja, das hilft mir vielleicht auch noch mal, auf die Spur zu kommen. Was finde ich faszinierend an der Demut? Was ich an Haltung erlebt habe bei Menschen, von denen ich sagen würde, die leben eine Demut, dieses Gegründetsein, Getragensein, das ist eine große Sehnsucht, die ich habe. Ich denke, so würde ich gern leben, und so würde ich mir eigentlich für uns alle das Leben wünschen.

Und das Zweite: Ich glaube, dass die Demut etwas ist, was uns das Leben auf der Erde anders und besser gestalten lassen würde, wenn wir alle mehr in ihr leben würden. In der Demut, glaube ich, kann die Antwort auf ganz entscheidende Fragen unserer Zeit liegen, aber ich glaube, es ist mehr als eine vernunftmäßige Einsicht, es geht über eine tiefe Erfahrung, die vielen Menschen als Erfahrungsdimension flöten gegangen ist. Dieser Aspekt der Humilitas, also so was wie den Dingen, dem Leben auf den Grund gehen, wahrhaftig, unverfälscht, pur sein. Dass man seinen Platz kennt hier auf diesem Globus und im eigenen Leben und sich »gründen« kann. Und dann fragen sich bestimmt viele: Warum sollte ich das wollen mit der Demut? Das ist jetzt sehr in die Tüte gesprochen, wie Sie merken. Aber das ist, glaub ich, die Spur, die mich da so sehr anspricht.

Schwester Teresa: An einem Wort von Ihnen könnte ich jetzt einsteigen, und zwar in einer Frage, die Sie eben gesagt haben. Warum soll man das denn? Alles, was man soll, macht ja irgendwie schon mal Stress. Und schon ist die Demut weg. Und das ist die Moral, das Sollen, das ist die Kontrolle, das Über-Ich, dieses ganze Du-sollst, das ganze Christliche, und irgendwie scheint die Demut so ein Nerv da drin zu sein.

Unser Ordenspatron Vinzenz von Paul hat ein zentrales

Wort, das immer wieder auftaucht bei ihm: alles in Demut, Einfalt und Liebe. Einfalt im Sinne von Einfachheit, das beste Bild dafür ist »eine Falte«, ganz klar. Das ist eben nicht doppelzüngig, nicht doppelbögig, nicht … natürlich tiefschichtig schon, auch hintergründig. Aber nicht doppeldeutig. Auch nicht im schlüpfrigen Sinne. Sondern klar. Schlicht in dem Sinne. Kann klug, sehr klug sein. Das steht da. Liebe, das erklärt sich ein bisschen von selbst, wobei man da auch alles Mögliche drunter verstehen kann, klar. Und die Demut steht da am Anfang. Also kam ich an der Demut überhaupt nicht vorbei. Und deswegen hab ich mich schon sehr damit befasst. Ich finde faszinierend, entdeckt zu haben, dass die Haltung der Demut zur Reife führt.

Annette: Wie verstehen Sie denn Reife?

Schwester Teresa: Dass der Mensch – ich – mehr die werde, die ich selber eigentlich bin. Von Gott her gedacht, aber auch in mir selber gespürt. Letztlich weiß ich es aber nicht. Und die Frage »Wie kriege ich das denn raus, ich würd's doch gern wissen«, zumal wenn ich da hinwachsen will oder mich da hinlocken lassen will, das ist ja auch so eine Dynamik, wo ich mich entfalte. Auf alle Fälle will ich mich entfalten und will nicht klein bleiben und will nicht im Kinderglauben bleiben und nicht im pubertären Widerstand enden, sondern ich möchte irgendwo gesund aus diesen Wurzeln leben können. Und das halte ich für eine reife Haltung und ein reifes Leben. Und da würde ich auch sagen, gibt es so was wie zunehmende Zufriedenheit (…) was nullmäßig ausklammert, dass das ganze Leben nicht auch voll mit Turbulenzen ist (…).

Annette: Ja. Verflixt noch mal.

Schwester Teresa: Es ist so.

Annette: Also ein Geschehen und Werden.

Schwester Teresa: In dem Augenblick, das musste ich schwer in meinem Noviziat lernen, das weiß ich noch, weil ich im Inneren so ein Bild damit verbinde … in dem Augenblick, wo ich mir vorstelle, wie Gott mich gedacht hat, wie Gott mich eigentlich denken würde, zeichne ich mein Idealbild und strebe danach, und so wie ich gebaut und gestrickt bin mit allen Kräften und was dabei rauskommt, kann sich ein Mensch, der ein kleines bisschen die Erfahrung vom Leben hat, an zwei Fingern abzählen. Nämlich der Vollfrust, auf Deutsch gesagt, weil ich das nie erreiche.

Annette: Das ist ja wie so ein Pendant von »Du sollst dir kein Bildnis machen«. Von Gott nicht, aber von mir selbst eigentlich auch nicht.

Schwester Teresa: Genau. Kein Idealbild. Und das ist nämlich schon einer der Punkte, wo ich Demut in echte und falsche, sag ich jetzt mal, um das zu definieren, unterscheiden kann. Wenn ich von einem Idealbild ausgehe, werde ich auch immer zu irgendeinem Ideal von Haltung kommen.

Annette: Und ist denn Demut nun eine Haltung oder eine Tugend oder ist es was ganz anderes? Oder muss man dafür erst mal Tugend definieren?

Schwester Teresa: Ja, Tugend, Haltung muss man, glaube ich, schon definieren. Ich weiß nicht, was es sonst sein könnte, weil ich das Wort »Haltung« stark finde. Und »Tugend« ist so besetzt, deshalb würde ich da lieber das Wort »Haltung« nehmen, aber eigentlich meint es das Gleiche.

Annette: Eine Haltung heißt dann, eine bestimmte Art im Leben zu sein oder mit dem Leben in Kontakt zu sein?

Schwester Teresa: Gute Frage. Eine Haltung ist für mich … Ja … Eine bestimmte Art, mit dem Leben in Kontakt zu sein, ist gut, also das finde ich sehr treffend. Und sie bringt auch was in Handlung. Eine Haltung allein, die ich irgendwie habe und die keine Früchte bringt, keine Handlung hervorbringt, da müsste ich ein Fragezeichen machen, ob die überhaupt existiert. Also wenn ich zum Beispiel die Haltung der Wahrhaftigkeit habe. Das liegt für mich sehr nah an der Demut. Und ich variiere mit meiner Wahrheit, so, wie ich es gerade für die Situation brauche. Es gibt wirklich Menschen, die fühlen sich so. Das sind oft Menschen, die damit andere platt machen. Jedenfalls: Wenn ich die Haltung der Wahrheit habe und würde die variierende Wahrheit in mir leben, dann passt das nicht zusammen, sondern es muss eigentlich, je mehr ich da drin lebe, auch was dabei rauskommen, was andere Menschen als wahrhaftig, wahr, klar, zuverlässig erleben. Und da zeigt sich für mich eine Haltung.

Annette: Sie sagten, die Demut kann uns zu wirklich reifen Menschen werden lassen. Wie passiert das? Wie macht die Demut das? Oder wie machen wir das, wenn wir demütig sind?

Schwester Teresa: Ja, dass ich immer mehr eigentlich mich selbst in mir, in meinem wirklichen Sein entdecke, entfalte, und zwar mit den Grenzen und mit den Möglichkeiten. Und wenn ich mal das Verhältnis zu Gott angucke an der Stelle, dann ist für mich natürlich Gott der Unendliche, der, der »alles kann«. Natürlich kann er in unserem menschlichen Sinn nicht alles. Und ich Mensch bin begrenzt. Und Gott ist – jetzt sag ich gewissermaßen – unbegrenzt. Aber wo geliebt wird, gibt es nichts Begrenztes, Gott gibt sich in Jesus von Nazareth natürlich voll in die Grenze rein. In das Menschsein.

Annette: Ja. Genau.

Schwester Teresa: Und wird dadurch angreifbar und ge-
tötet. Und das ist schon krass. Also Gott selber wird der
Demütige. Und das Ganze ist für mich in der Dynamik
der Demut, dass der Mensch, wenn ich das will, wenn
ich mich auf dieses einlasse, was da passiert zwischen
Gott und Mensch, Gott Gott sein lassen muss und
mich Mensch sein lassen muss. Ich hab einen guten
Freund, der, wenn ich ein bisschen nicht so gut drauf
bin und sage, es ist alles so viel …, dann sagt er: Na,
willste wieder der bessere Gott sein? Da bin ich dann
über meine Grenzen gegangen und irgendeinem Ideal
nachgestrebt – das ist wieder die Sache mit dem Idealbild. Und nicht in mir bleibe, sondern nach irgendwas
suche, was außerhalb ist. Und es kommt schon dem
gleich, dass ich Gott vielleicht nicht genug traue, ver-
traue und sage, ich überlass dir das jetzt, ich glaub dir,
dass du mich trägst. Auch wenn ich nichts fühle. Und
das ist für mich keine Demut, wenn ich über meine
Grenze rausgehe. Auch, wenn ich mich schlechtmache.
Und sag: Ich bin die Ärmste und die Unwürdigste von
allen. Das ist die verstaubte Demut, also die wirklich
destruktive Demut. Das stimmt ja auch nicht. Das ist
Hybris in die andere Richtung.

Annette: Ja, negative Hybris, genau. Ich überleg gerade
so, junge Menschen heute, die so gar nichts mit Kirche, Christsein, Spiritualität – wie auch immer – zu tun

haben, wie könnte man denen denn dieses »Bei sich bleiben« vermitteln? Wenn wir jetzt so auf diese Selbstoptimierungsgeschichten gucken, also wie man aussehen muss, wie man – was weiß ich, tausend Filter auf sein Bild packt, um auf Instagram gut auszusehen, das erscheint mir als sehr abgetrennt von sich, genau das Streben nach einem Ideal. Wie können die dann unterscheiden: Wo bin ich bei mir, und wo strebe ich nach einem Ideal, das mich wegholt von dem, so zu werden, wie ich gemeint bin?

Schwester Teresa: Das finde ich eine wahnsinnig spannende Frage, weil das so in die Herzmitte, gerade bei jungen Menschen, reinspricht und reintrifft. Diese Phase, die erste Teeniezeit, das ist total schwierig, weil die Orientierung, die alte, von zu Hause weggelassen wird. Die muss man ja irgendwie abschütteln und loswerden, das nutzt ja wohl alles nichts, selbst wenn es die beste unter der Sonne ist, die kann man ja mal wieder finden. Und was Neues ist noch nicht da. Alles wird von außen definiert. Und ich glaube, das ist nur im persönlichen Gespräch mit jungen Menschen möglich. Also ... was weiß ich, wenn einer eine Ansprache hält, da kriegt man ihn sowieso nicht so ... Aber im persönlichen Gespräch, wo die sich selbst ernst genommen erleben. Und an dem Punkt, wo ein junger Mensch, ein Jugendlicher, für sich merkt, ich hab doch echt Stress, wenn ich nicht die richtige Jeans anhabe. Oder wenn mein Hintern runder ist als der von den Models, die ich da sehe, als Frau. Oder wenn ich nicht genug ausgebaut bin. Dann hab ich doch Stress. Und was macht so ein junger Mensch? Der tut irgendwas, damit die Form besser passt. Und am Anfang ist das Kreatürlichkeit, muss irgendwie mit dem ganzen mithalten, und ich glaube, man kann keinem jungen Menschen das ersparen, das geht überhaupt nicht. Was ich wichtig finde oder wenn das gelänge, wenn man als Erwachsener danebensteht und sie begleitet aus seiner Lehrerposition oder auch aus der Mutterposition. Mutter ist, glaub ich, fast das Schwierigste dabei. Aber zu sagen: Du bist du, und du kannst werden, wie es in dir ist. Du musst es ausprobieren. Probier, was Stress macht, und probier, was zu dir passt. Wo dir das Herz aufgeht, wo es innerlich klickt. Demut geht auch für Jugendliche. Dann heißt das nämlich: Ich darf das ausprobieren. Ich erlebe mich so. Heute bin ich top drauf und am nächsten Tag bin ich völlig unter der Grasnarbe. Und das gehört dazu, und das darf jetzt so sein. Ich hab Stress mit meiner Mutter. Ich find sie eigentlich ganz gut und okay, eigentlich könnte ich keine bessere kennen, aber ich kenn auch keine, mit der ich mehr Stress habe. So richtiger Teenie.

Annette: Das find ich schön, das ist eine gute Spur zu gucken: Wie kann ich das immer wieder finden? Gerade für junge Leute.

Schwester Teresa: Genau. Ich denke jetzt bei dem, was Sie sagen, mit dem biografischen Part meines eigenen Lebens. In der Schulzeit, wir hatten nicht so viel Geld, wurde ich ausgelacht wegen meiner Klamotten, da musste man auch schon irgendwie Lee und Levis und was weiß ich, wie die Hosen hießen, die man haben musste, die hatte ich nicht. Also war ich ein bisschen unten durch. Da hab ich dann gedacht: Entweder bin ich jetzt voll unten durch oder ich sag: Pfff, zieht doch an, was ihr wollt, ich hab meine Hosen. So. Und zu Hause sagte meine Mutter manchmal: Mann, hab doch nicht solche Komplexe! Ich hab dann gesagt: Ich kann Komplexe haben, wie ich will. Also ich möchte niemals mich als Tochter gehabt haben.

Annette: Ich mich aber auch nicht. Das war kein Vergnügen für meine Eltern.

Schwester Teresa: Oder zum Beispiel gehört in diesem Jugendlichen-Alter ein Freund da einfach irgendwie dazu. Wenn man irgendwie sich richtig bewegte, dann war man – heute sagt man »cool« drauf – wenn man sich einen geangelt hatte. Und zu meinem höchsten Erstaunen war man noch cooler drauf, wenn man den wieder in die Wüste geschickt hatte, und zwar selber, nicht geschickt worden ist.

Annette: Ja, um Himmels willen, das war ja eine Schmach.

Schwester Teresa: Und das war für mich so ein Testfall. Ich wusste, dass ich den nicht heiraten will, ich wusste, dass ich heiraten will, klar. Und es sollte ein christlicher Mann sein. Aber den nicht. Aber will ich den fahren lassen? Ich kann doch Erfahrungen sammeln. Und das ist doch für Jugendliche richtig. Und wenn er mehr wollte, sagte ich: Du, nee, wenn ich dich heiraten wollen würde, dann würd ich mit dir mehr ... Aber so machen wir das mal lieber nicht.

Annette: Das ist aber auch selbstbewusst.

Schwester Teresa: Ja, ich bin an der Stelle voll bei mir geblieben. Und natürlich ist das manchmal auch schwer gewesen. Das war klar schwer, aber das stählt ja irgendwie auch. Und das wünsche ich Jugendlichen, dass sie diese Durchgangsphase, so als Testphase, voll leben dürfen.

Annette: Demut ist ja eigentlich – denken wir das nur, weil wir Christinnen sind? – ist ja eigentlich nicht ohne einen Gottesbezug denkbar. Oder zumindest den Bezug zu etwas, das größer ist als ich, weil es immer etwas damit zu tun hat, seinen Ort in einem großen Gefüge zu erkennen.

Schwester Teresa: Also ich denke es so, ja genau. Ich weiß auch gar nicht, ob jemand, der nicht religiös ist, bewusst sagt, ich glaube nicht an Gott, ob der oder die

Demut in dem Sinne denken kann. Ich vermute mal, das muss ein anderes Wort sein.

Annette: Ich möchte das Wort aber nicht aufgeben für Menschen ohne religiösen Bezug. Vielleicht wäre es dann im Sinn von Dien-Mut zu verstehen, also ich stelle mich in den Dienst einer größeren Sache, des Klimaschutzes, der Menschenrechte, was auch immer. Wir haben ja auch gerade gesagt, Demut ist ganz nah an der Wahrhaftigkeit dran, vielleicht geht das dann in so eine Richtung, dass man von Wahrhaftigkeit sprechen würde.

Schwester Teresa: Wahrhaftigkeit ist für mich auch so ein Wort, das ist, glaube ich, für die meisten Menschen verstaubt. Wie ist das denn? Echt, authentisch …

Annette: Ja, das schillert so, nicht wahr? Weil authentisch, da gibt's ja dann auch manchmal die absurde Frage: Hab ich jetzt authentisch gewirkt? Ich weiß nicht, wie authentisch, wahrhaftig sein geht, darum will ich wenigstens so wirken. So was gibt's ja auch.

Schwester Teresa: Authentisch wirken …

Annette: Das ist Käse.

Schwester Teresa: Das ist genauso wie mit: Ich übe die Demut, indem ich mir irgendwas antue oder so … So was gab es leider, leider …

Annette: Flagellanten und so meinen Sie?

Schwester Teresa: Ja, genau. Es kann nicht jemand anders meine Demut herausfordern. Herausfordern durch sein Sein, ja. Aber nicht mir abverlangen im Sinne von irgendeiner Übung jetzt, was weiß ich, hab ich grad vor Kurzem in der Zeitung gelesen, dass es irgendwo in einer Ordensgemeinschaft das auch gab, dass die Schwester sich dann da hinlegen musste, und die anderen steigen da drüber und so was. Das hat nullmäßig mit Demut zu tun, sondern das ist geistiger Missbrauch.

Annette: Ja, das ist Demütigung. Ich hab jetzt neulich noch mal bei Anselm Grün nachgelesen. Der schreibt viel von der Schuld und sagt, dass Demut aus der Erfahrung von Schuld enstpringt. Ich finde das schwierig, ich würde lieber sagen, dass Demut sich an einer Endlichkeitserfahrung entzündet. Weil wir merken, wir sind begrenzt, beschränkt und nicht ewig, und es gibt aber etwas, zu dem wir in Bezug sind, das wir als ewig erleben. Aber er hat ganz viel von Schuld geschrieben. Klar, wir machen uns permanent an irgendetwas schuldig. An der Umwelt, unseren Kindern, an der Liebe, keine Ahnung, geht ja gar nicht anders. Würden Sie sagen, Demut und Schuld haben etwas miteinander zu tun oder Sünde?

Schwester Teresa: Schuld, scheint mir, ist einer der heikelsten Bereiche von menschlichen Erfahrungen, schuldig zu werden, wo nicht furchtbar viel dazugehört, und ich geh da drüber weg und geh zur Tagesordnung über.

Wenn ich jetzt ein Alltagsbeispiel nehme mit meiner Mitschwester, man kennt sich ja, wenn man zusammen lebt, mit seinen guten Fähigkeit und mit seinen Schwächen usw. Und es passiert irgendwas, und sie reizt mich, und dann steigt es ein bisschen höher, dann gibt's 'ne Situation in der Sequenz, wo eine Schwachstelle von ihr auf mich kommt, und ich hacke da rein. Das kann ja mal so eine gewisse Lust bereiten. Aber dann müsste ich mir mit meiner zweiten Gehirnhälfte sofort sagen: Ey, das verletzt die. Und wenn ich dann darüber weggehe und sage: Mein Gott, stell dich doch nicht so an, das hat was mit Schuld zu tun. Das ist eigentlich ein kleines Beispiel ...

Annette: Sehr nachvollziehbar.

Schwester Teresa: Wer damit lernt, mit Schuld umzugehen, kann eine Befreiung finden. Aber wer das nicht tut, weil das ganze undercover und überhaupt niemals im sprechbaren Bereich ist, dann geht das nicht. Dieses Teil, dieses dunkle Teil, kann nicht atmen. Das ist die Schwierigkeit. Oder wenn jemand zum Beispiel missbraucht worden ist. Und das Gefühl als Kind entwickelt hat oder als Jugendliche, ich bin schuld, weil ich den gereizt habe. Das entwickelt sich ja leider oft. Und das als schwarzes Loch praktisch mitgeht. An der Stelle muss ja was drumrum gebaut werden. Und die Frau kann überhaupt nix dafür, und die beugt sich vielleicht immer mehr, ist aber nullmäßig demütig. Zur Demut würde gehören, an diesem Teil zu arbeiten. So weit ich komme, kann ich an die Wahrheit drankommen. Auch das ist Demut. Und deswegen … Also mit einer bewussten Schuld rumlaufen verhindert Demut. Insofern hat Anselm Grün sicher vielleicht recht. Aber ich würde es keinesfalls auf die Schuld beschränken.

Annette: Vielleicht sind Sünde und Schuld so 'ne Art Chiffren für unsere Grenzen oder einen Aspekt unserer menschlichen Grenzen. Es gibt ja noch mehr.
Im Noviziat, so hab ich das verstanden im Gespräch mit Schwestern, geht's ja auch um Grenzerfahrungen, oder? Ist das so, dass das Noviziat eine Zeit sein soll, in der man noch mal so ganz stark auf sich zurückgeworfen ist, weil es vielleicht auch eine Zeit der Überprüfung ist? Offenbar geht es vielen so, dass sie dann mit eigenen Themen konfrontiert werden und denen nicht mehr so ausweichen können und viele dann in einen therapeutischen Prozess zur Aufarbeitung gehen.

Schwester Teresa: Ja, es ist gewollt. Ich meine, so eine Regredierung, die da passiert, die ist nicht unbedingt gewollt, aber das ist eine Folge, die kann man nicht ausmerzen. Das liegt in der Natur der Sache. Also das Noviziat ist ja so konzipiert oder die Ausbildung, dass es ein Jahr Postulat[87] ist, dann geht die werdende

Schwester ins Noviziat, das dauert zwei Jahre. Und danach sind die Gelübde, also die Bindung dann an die Gemeinschaft, auch erst mal zeitlich begrenzt. Und dann irgendwann nach fünf Jahren oder mehr für immer. Und dieses Anwärterjahr, das erste, im regulären Normalfall, ist im Grunde: Ich lerne alles kennen, ich setze mich damit auseinander, ich sage: Ja, darauf will ich mich einlassen. So. Das ist mehr praktisch von außen beguckt. Noviziat ist dann schon intern, da wird man Schwester genannt, da bekommt man einen Ordensnamen, bei uns ist das so. Andere machen das erst zur Profess, aber wir machen es bewusst, damit man schon das Interne lebt. Man gibt sein Geld ab usw. beziehungsweise legt es dahin und sagt, ich verfüge jetzt nicht mehr, also was zum Thema Gütergemeinschaft gehört ... Armut. Ich richte mich nach dem, was mir gesagt wird, was wir miteinander vereinbaren, ich lerne und übe das Hören, Gehorsam, ich weiß, dass ich mich mit meiner Sexualität anders auseinandersetzen muss. Das ist einer der kritischsten Punkte oder auch der am meisten nach innen rein geht. Die Armut kann man äußerlich abhandeln, für manche ist der Gehorsam am schwersten, weil das für die Selbstbestimmung das krasseste ist.

Annette: Ein verflixt hoher Wert in unserer Zeit. Aber es gibt ja kein Selbst ohne ein Beziehungsgeflecht. Gehorsam bezieht sich auf das Leben in Gemeinschaft?

Schwester Teresa: Ja, im Grunde lasse ich mich fremdbestimmen, kann nicht mehr über mich selbst bestimmen, ordne mich ein. Zuallererst ordne ich mich Gott unter. Das ist das Erste. Und dann lerne ich hören, auf Gott, lerne ich hören auf mich, lerne ich hören auf die Menschen. Das Ohr lernt entweder, alles zu hören, oder es hört nix. Das ist wie mit der Liebe. Ich habe ein Herz. Das kann nur entweder lieben, Gott, den Menschen und sich, oder es liebt nicht.

Wenn ich sage: Ich bin nicht so wichtig, ich komm da nicht vor. Aber ich liebe natürlich die Menschen, und ich liebe Gott. Und ich komme nicht vor. Das ist ungefähr das Gegenteil von Demut. Wobei man oft früher gedacht hat, das wäre Demut. Dann sag ich: Die Liebe funktioniert nicht, das Herz funktioniert nicht. Weil diese drei … das muss ausgeglichen sein. Und das muss man alles entdecken, in sich erfahren, in sich testen, ausprobieren. Und dafür braucht es einen internen Raum, der mich auf mich selbst zurückwirft, damit ich überhaupt weiß, was sich in mir abspielt. Denn normalerweise, gerade bei jüngeren Menschen, weil die noch nicht so viel Erfahrung haben, ist das wichtig, und bei älteren ist es wichtig, weil sie schon sehr geprägt sind. Wenn ich sage, ich lebe in einer Ordensgemeinschaft, dann ist ja eben das ein Kriterium, dass ich eben keinen Partner habe, keine sexuelle Gemeinschaft. Auch nicht gleichgeschlechtlich, was ja ein bisschen easy wäre. Aber das liegt nicht drin, wenn ich Ehelosigkeit gelobe. Ich frage immer: Wie stehen Sie oder wie stehst du dazu, zu diesem Teil? Es ist ja gegen die Natur. Die normale Geschichte ist, dass ich mir einen Partner suche. Irgendwas an Verbindlichkeit, irgendwas an Sexualität, was gelebt, geteilt wird, und irgendwas an Fruchtbarkeit, sprich Nachwuchs.

Annette: Aber Fruchtbarkeit kann ja auch heißen, man hat Projekte, bringt 'ne Idee ins Leben ...

Schwester Teresa: Ja, aber bei den allermeisten wacht irgendwann dann so was wie ein Kinderwunsch auf. Und damit muss man ja umgehen.

Annette: Das ist ja wahrscheinlich bei vielen so, wenn sie so jung eintreten.

Schwester Teresa: Ja, Studium und so ... Sozial-pädagogikstudium, da war ich mit allem konfrontiert, und ohne Begleitung hätte ich das dann auch nicht wirklich hinter mich gebracht, wär ich da nicht gut durchgegangen mit diesen Dingen. Auch mit der Armut (Anmerkung: die drei Gelübde sind Armut, Keuschheit und Gehorsam). Normalerweise ist es so, dass man ein-fach was hat, was sammelt, sich sichert, das ist natur-gemäß, das steckt im Menschen. Oder auch die Selbst-bestimmung im Gehorsam. Wenn ich sage und dreist bin und behaupten will, ich verzichte auf diese Grund-strebungen, die eigentlich im Menschen sind, dann muss ich einen Akt mehr machen. Das heißt, wenn ich dafür ausgebildet werden will, auf diese Dinge zu verzichten, muss ich mit mir selbst, wie ich nun wirklich bin, umgehen. Deswegen brauche ich so eine Zeit, in der ich auf mich selbst zurückgeworfen bin. Und deswegen sagen wir auch, es gibt keine berufliche Tätigkeit im Noviziat, wo man sich nach außen hin verwirklicht, sondern dann kann man nur irgendwie »Hiwi-Sachen« machen, wo man mit sich selbst immer wieder konfrontiert ist, aber auch Raum hat, dass das atmen kann. Das ist der Sinn dafür und nicht, dass man klein gehalten wird, dass man nur in die Nähstube darf oder in den Garten. Das Dienen ist natürlich eine normale Konsequenz, wenn ich in der Gemeinschaft lebe, wenn ich bei mir selbst zu Hause bin, in mir selbst zu Hause bin und wenn ich andere Menschen wahrnehme, dass ich mich zur Verfügung stelle. Und Hingabe ist auch eine Ursehnsucht im Menschen. Dienen ist eine umgesetzte Hingabe. Auch die Bereitschaft, einfach, dass ich zur Verfügung stehe. Mehr ist Dienen nicht.

Annette: Na ja, mehr ist es nicht – aber so viel dann doch. Was so einfach klingt, ist ja manchmal das Schwerste, weil es ganz grundlegend die Lebenshaltung betrifft.

Schwester Teresa: Genau. Gestern Abend zum Beispiel … ich sollte nicht so spät schlafen gehen, tu's manchmal aber dann doch, weil ich mich einfach vertüddele, gucke noch auf mein Handy, stecke das an den Strom, dann guck ich da noch mal drauf und denke: Ups. Da hat noch eine geschrieben … Und ich sehe, dass ich noch eine Mail habe, meine Freundin dann auch und denke: Okay, was schreibt sie denn noch? Na ja, hat was geschrieben, wo sie eine dicke Frage hatte für ihren Arbeitsprozess und die Antwort heute braucht. Was mach ich? Denke: Ach komm, meine Liebe, tippe zur vorgerückten Stunde noch meine Antwort da rein. Ich wär ja bekloppt, wenn ich das nicht machen würde. Aber es ist für mich ein Dienst gewesen. Ich schreibe ihr: Du kannst mich heute gegen acht anrufen, da komme ich aus der Kirche. Obwohl da noch nicht mein Dienst anfängt. Aber haben wir gemacht, dann haben wir telefoniert, hätte ich auch gemacht, wenn es nicht meine Freundin gewesen wäre. Wenn jemand was braucht. Aber normalerweise sage ich, wenn jemand fragt: Kann ich dich nach zehn abends anrufen? Dann sag ich, vielen Dank, der nächste Tag hat auch noch Stunden. Aber es gibt eben manchmal solche Situationen … Oder wenn eine Schwester mich anrufen würde nachts und sagen würde: Das und das und das … Dann steh ich natürlich auf, das ist klar. Wie die Mama fürs Kind. Natürlich, dann bleib ich doch nicht liegen und lasse die Not leiden.

Annette: Demut gibt auch keine einfachen Antworten.

Schwester Teresa: Nee, das ist richtig. Wenn ich das ernst mache, dann mach ich mit mir selber ernst, und das geht dann natürlich ans Eingemachte.

Annette: Ja. Das führt immer wieder in einen Prozess, kann man sagen, der hört wahrscheinlich nie auf.

Schwester Teresa: Das hat mit dem Menschen, mit mir, meiner Wesensmitte, zu tun.

Annette: Genau, ja. Also insofern ist Demut eigentlich ohne Grenzerfahrung nicht denkbar, wobei Grenzerfahrung nicht immer mit Tod zu tun haben muss, sondern auch einfach heißen kann, ich merke, dass ich in all diesem Großen ein kleiner Teil bin, oder?

Schwester Teresa: Das ist zum Beispiel was ganz grundsätzlich Wichtiges. Ich kenne da einen … Ich meine, den kenn ich zum Glück nicht wirklich, aber man sieht ihn allerorten und jetzt ist er von seinem Leuchter gerückt worden … Der hat bestimmt alles andere im Leben außer die Demut, dieser Typ von Amerika.

Annette: Ja. Im Sinne des alten, klösterlichen Verständnisses ist ja der Gegenpol zur Demut der Stolz, also im damaligen Vokabular ein Laster. Das wird so beschrieben wie in der totalen Selbst- und Lebenslüge leben, hochgradig egozentrisch … Das passt so eins a auf Trump. Das ist … in der Lüge sein immer wieder und sich eine Wirklichkeit bauen, die gar nicht wirklich ist, und andere Menschen benutzen und gar nicht berührbar sein.

Schwester Teresa: Jetzt haben Sie leider das falsche Stichwort gesagt. Stolz. Ich glaube, wenn man Demut im religiösen, im christlichen Sinne, beschreiben will, ist es nicht blöd, irgendwie den Stolz als Gegenpart dazu auch zu beleuchten, denn das ist genauso ein Ding, das voll verstaubt ist. Und was nach innen hin betrachtet ein absolut wichtiges Ding ist.

Annette: Es gibt diese beiden Varianten von Stolz.

Schwester Teresa: Ja. Und Stolz ist für mich was ganz Verdrehtes eigentlich, Stolz ist eine hart gewordene Angst, eine hart gewordene Selbstbezogenheit. Also wo innerlich was verhärtet ist. Und an der Stelle berührt es die Demut. Demut nimmt das Innere so, wie es ist, in einer Klarheit, in einer Ungeschminktheit. Und der Stolz hüllt das ein und verhärtet es. Zum Beispiel wenn jemand eine stolze Haltung hat, das ist ja oft spitz … wo man an den Menschen nicht drankommt. Mann, der ist echt stolz oder so was. Und das ist nicht – finde ich – was Verwerfliches im Sinne von böse, böse, sondern es ist eine verkrümmte Seelenhaltung. Natürlich hat die böse Auswüchse, das ist ganz klar.

Annette: Ja. Und natürlich gibt's auch den guten Stolz, das find ich auch wichtig zu sagen: Da bin ich stolz, das hab ich gut hingekriegt. Das ist ja in Ordnung. Freude über was Gelungenes, so müsste man das dann übersetzen. Das ist dann ja nichts Verhärtetes. Aber wenn ich es brauche, weil ich sonst zusammenbreche oder weil dahinter nichts ist oder so …

Schwester Teresa: Genau. Und diese andere Art Stolz ist wirklich was, das wünsch ich niemandem. Wer in sich so was hat, meint, es muss so sein, und sieht es als seine Verantwortung, sich hart zu machen, und kommt oftmals gar nicht dahinter. Und das kann man nicht einfach weich machen, weil das ist aus Angst zusammengesetzt. Und Ängste machen eng, das ist so. Find ich ganz erschütternd manchmal. Das tut mir manchmal fast physisch weh, wenn ich einen Menschen erlebe, auch einen christlichen Menschen oder jemanden in der Ordensgemeinschaft, wo jemand hart geworden ist und wo man nicht so drankommt. Das kostet viel, viel, viel Liebe, damit der Mensch mal so ein Tröpfchen in sein Inneres lassen kann. Das sind dann so Momente wenn da mal was aufgeht, das ist was Wunderschönes.

DANKE ...

An Schwester Teresa für ihre lebensnahen, klugen Gedanken über die Demut und für so viel Humor und Herzlichkeit.

Der Benediktinerin Schwester Eucharis, die sich viel Zeit nahm, mit mir ihre durchlebten, klugen Gedanken über die Demut und ihr Wissen über Martin Buber zu teilen.

Den Hildesheimer Vinzentinerinnen, die Menschen, die an Leib und Seele verletzt sind, Orte zum Sein geben.

Den Missionsschwestern vom Heiligen Namen Mariens im Kloster Nette, mit denen ich lachend unter Apfelbäumen stand und heulend in der Kirche saß.

Den Brüdern des Benediktinerklosters Nütschau, bei denen mich ein Hauch des ungeheuerlichen Abenteuers, Mönch zu sein, anwehte und wo mich ein Bruder kurzerhand in den Orden aufnahm.

Meinen Eltern, die heimlich zu 27 Prozent Ordensmenschen sind für Innigkeit und inneren Reichtum.

Diana, dir danke ich für deine Geduld und mentale Stärkung im Lektorat!

Dir, lieber Boris, für das gedankliche Bällezuwerfen, Mitdenken, Wortspielen, Rückenstärken, für den veganen Aufstrich und manchen Streifzug mit der Demut – fast von Anfang bis zum Schluss!

Julia und Verena – ihr hattet eine Idee und Zutrauen – das ist so eine Freude!

LITERATUR

Ausländer, Rose (1984): *Ich höre das Herz des Oleanders.* Gedichte 1977–1979. S. Fischer Verlag

Bachmann, Ingeborg (1978): *Die gestundete Zeit. Gedichte.* Piper Verlag

Bahr, Petra (2010): *Haltung zeigen. Ein Knigge nicht nur für Christen.* Gütersloher Verlagshaus

Behnken, Annette (2011): *Dasein und Mittragen – Eindrücke aus dem Kinderhospiz,* in: Burbach, Christiane (Hg.), *… bis an die Grenze. Hospizarbeit und Palliative Care.* Vandenhoeck & Ruprecht

Bodrožić, Marica (2021): *Pantherzeit. Vom Innenmaß der Dinge.* Otto Müller Verlag

Boff, Leonardo (2021): *Gelobt sei der Staub, aus dem wir gemacht sind. Vom Geheimnis der unscheinbaren Dinge.* Grünewald

Chesterton, Gilbert Keith (1969): *Verteidigung des Unsinns, der Demut, des Schundromans und anderer mißachteter Dinge.* Fischer Verlag

Emcke, Caroline (2021): *Journal. Tagebuch in Zeiten der Pandemie.* S. Fischer Verlag

Eurich, Claus (2019): *Radikale Liebe. Die Lebensethik Albert Schweitzers – Hoffnung für Mensch und Erde.* ViaNova Verlag

Frankl, Viktor Emil (1985): *Ärztliche Seelsorge. Grundlagen der Logotherapie und Existenzanalyse.* dtv

Frankl, Viktor Emil (2021): *Das Leiden am sinnlosen Leben. Psychotherapie für heute.* Herder Verlag

Frister, Thomas (2004): *Alfred North Whiteheads Prozessphilosophie und die Gestalttherapie – ein Integrationsversuch.* https://www.praxis-frister.de/downloads/41/whitehead%20und%20 gestalttherapie%20abschlussarbeit.pdf

Gamma, Anna (2017): *Den eigenen Platz im Ganzen finden. Persönlichkeitsentwicklung in einer globalisierten Welt.* ViaNova Verlag

Green, John (2021): *Wie hat Ihnen das Anthropozän bis jetzt gefallen? Notizen zum Leben auf der Erde.* Hanser Verlag

Grün, Anselm (2012): *Demut und Gotteserfahrung.* Vier-Türme-Verlag

Grünwald, Stephan (2013): *Die erschöpfte Gesellschaft. Warum Deutschland neu träumen muss.* Campus Verlag

Habenicht, Uwe (2020): Leben mit leichtem Gepäck. Eine minimalistische Spiritualität. Echter Verlag

Hadinger, Boglarka (2014): *In jedem von uns – Die Sehnsucht nach menschlicher Reife.*
http://docplayer.org/73611080-In-jedem-von-uns-die-sehnsucht-nach-menschlicher-reife-dr-boglarka-hadinger.html

Yuval Noah Harari (2017): *Homo Deus. Eine Geschichte von Morgen.* C. H. Beck Verlag

Mitchel, Joni (1970): *Later that same year.* Morgan Studios

Keller, Gottfried (2013): *Gesammelte Gedichte.* Holzinger Verlag

Knapp, Natalie (2015*): Der unendliche Augenblick. Warum Zeiten der Unsicherheit so wertvoll sind.* rowohlt

Kolbe, Christoph/Dorra, Helmut (2020): *Selbstsein und Mitsein. Existenzanalytische Grundlagen für Psychotherapie und Beratung.* Psychosozial-Verlag

Lançon, Philippe (2019): *Der Fetzen.* dtv

Pannikar, Raimon (1990): *Den Mönch in sich entdecken.* Kösel Verlag

Precht, Richard David (2020): *Künstliche Intelligenz und der Sinn des Lebens.* Goldmann Verlag

Reckwitz, Andreas (2017): *Die Gesellschaft der Singularitäten. Zum Strukturwandel der Moderne.* Suhrkamp Verlag

Renz, Monika (2010): *Grenzerfahrung Gott. Spirituelle Erfahrung in Leid und Krankheit.* Kreuz Verlag

Rilke, Rainer Maria (1929): *Briefe an einen jungen Dichter.* Insel Verlag

Rilke, Rainer Maria (1957): *Die Gedichte. Nach der von Ernst Zinn besorgten Edition der sämtlichen Werke.* Insel Verlag 1957. Die Sonette an Orpheus

Rohr, Richard (2010): Pure Präsenz. Sehen lernen, wie ein Mystiker. Claudius Verlag

Rosa, Hartmut (2013): *Beschleunigung und Entfremdung. Entwurf einer kritischen Theorie spätmoderner Zeitlichkeit.* Suhrkamp Verlag

Rosa, Hartmut (2017): *Resonanz. Eine Soziologie der Weltbeziehung.* Suhrkamp Verlag

Scheler, Max (1925): *Die Formen des Wissens und die Bildung.* F. Cohen Verlag

Schweitzer, Albert (2016), *Kulturphilosophie. Verfall und Wiederaufbau der Kultur. Kultur und Ethik.* becksche reihe

Steindl-Rast, David (1984): *Fülle und Nichts. Die Wiedergeburt christlicher Mystik.* Goldmann Verlag

Tauler, Johannes, zitiert in: Loccumer Arbeitskreis für Meditation (Hg.) (2001): *Verstehen durch Stille. Loccumer Brevier.* Lutherisches Verlagshaus

Tillich, Paul (1956): *Systematische Theologie.* Band 1. Evangelisches Verlagswerk Stuttgart

Ulrich-Eschemann, Karin (2000): *Vom Geborenwerden des Menschen. Theologische und philosophische Erkundungen.* In: Lessing, Eckhard/Neuner, Peter/Ritschl, Dietrich (Hg.): *Studien zur systematischen Theologie und Ethik,* Band 27.

Virilio, Paul (1992): *Rasender Stillstand – Essays.* Hanser Verlag

Welzer, Harald (2014): *Selbst denken. Eine Anleitung zum Widerstand.* Fischer Verlag

Willms, Tina (2020): *Zwischen Abschied und Anfang. Ein Begkleiter durch die Passions- und Osterzeit. Andachten, Gedichte und Gebete.* Neukirchener Verlag

Wittels, Harris (2012): *Humblebrag. The art of false modesty.* Grand Central Publishing

Zander, Hans Conrad (2011): Als die Religion noch nicht langweilig war. Die Geschichte der Wüstenväter. Gütersloher Verlagshaus

ANMERKUNGEN

1 Ausländer, Rose (1984): Ich höre das Herz des Oleanders. Gedichte 1977–1979. S. Fischer Verlag

2 Rilke, Rainer Maria (1929): Briefe an einen jungen Dichter. Insel Verlag

3 Mitchel,Joni (1970): Later that same year. Morgan Studios

4 Steindl-Rast, David (1984): Fülle und Nichts. Die Wiedergeburt christlicher Mystik. Dianus Trikont. S. 169

5 Grün, Anselm (2012): Demut und Gotteserfahrung. Vier-Türme-Verlag. S. 45

6 Johannes Tauler, zitiert in: Loccumer Arbeitskreis für Meditation (Hg.) (2001): Verstehen durch Stille. Loccumer Brevier. Lutherisches Verlagshaus. S. 117

7 »Unsere Erde mit allen Atomen, die schwerer als Lithium sind, zeugen von der Geschichte der Milchstraße. Der Kohlenstoff und der Sauerstoff in unseren Körpern stammen aus der Heliumbrennzone eines alten Sterns. Zwei Siliziumkerne verschmolzen kurz vor oder während einer Supernova aus Sauerstoff und Silizium. Fluor, mit dem wir uns die Zähne putzen, wurde in einer seltenen Neutrino-Wechselwirkung mit Neon produziert, und das Jod in unseren Schilddrüsen entstand durch Neutroneneinfang im Kollaps vor einer Supernova.« Zitat aus: Benz, Arnold (1998): Die Zukunft des Universums. Zufall, Chaos, Gott? Patmos Verlag. S. 35 und Gamma, Anna (2017): Den eigenen Platz im Ganzen finden. Persönlichkeitsentwicklung in einer globalisierten Welt. ViaNova Verlag. S. 18

8 Ttt_titel_thesen_temperamente auf instagram, Video-Beitrag vom 11. Juli 2021, zuletzt abgerufen am 26. Juli 2021

9 https://www.deutschlandfunkkultur.de/tagung-humor-und-philosophie-lachen-gegen-schwer.2162.de.html?dram:article_id=462402

10 Gefunden in einem wunderbaren Beitrag der Religionswissenschaftlerin Theresia Heimerl: https://feinschwarz.net/humor-
und-religion.de

11 A.a.O.

12 Chesterton, Gilbert Keith (1969): Verteidigung des Unsinns,
der Demut, des Schundromans und anderer mißachteter Dinge.
Fischer Taschenbuch Verlag. S. 56

13 Ebd. S. 30

14 Ebd. S. 57

15 Die Bedeutsamkeit der Geburtlichkeit des Menschen für eine
christliche Anthropologie und Ethik untersucht Karin Ulrich-
Eschemann unter Aufnahme und Abgrenzung von Hannah
Arendts Natalitätsgedanken. In: Ulrich-Eschemann, Karin
(2000): Vom Geborenwerden des Menschen. Theologische und
philosophische Erkundungen. In: Lessing, Eckhard/Neuner,
Peter/Ritschl, Dietrich (Hg.): Studien zur systematischen
Theologie und Ethik, Band 27.

16 Tillich, Paul (1956): Systematische Theologie. Band 1. Evangelisches Verlagswerk Stuttgart. S. 137

17 Andreas Gryphius, https://www.projekt-gutenberg.org/gryphius/
gedichte/chap002.html

18 Annette Behnken, Dasein und Mittragen – Eindrücke aus dem
Kinderhospiz. In: Christiane Burbach (Hrsg.): ... bis an die Gren-
ze: Hospizarbeit und Palliative Care.Vandenhoeck & Ruprecht,
Göttingen 2010

19 Bachmann, Ingeborg (1973): Die gestundete Zeit: Gedichte. Piper
Verlag

20 https://www.spiegel.de/kultur/literatur/charlie-hebdo-ueberle-
bender-philippe-lancon-nach-dem-attentat-trug-ich-zwei-jahre-
eine-maske-a-0fd5b677–2c19–4fe0–8da7–827da9703634

21 Lançon, Philippe (2019): Der Fetzen. dtv. S. 107

22 Emcke, Caroline (2021): Journal. Tagebuch in Zeiten der Pandemie.
S. Fischer Verlag, Tagebucheintrag von Donnerstag, 30. April
2020

23 »Die Leute passen aufeinander auf«, Interview mit Heinz Bude:
https://www.fr.de/kultur/gesellschaft/leute-passen-aufeinander-
auf-13604427.html

24 Willms, Tina (2020): Zwischen Abschied und Anfang. Ein

Begleiter durch die Passions- und Osterzeit. Andachten, Gedichte und Gebete. Neukirchener Verlag. S. 74

25 Rilke, Rainer Maria: Briefe an einen jungen Dichter. Berlin 2016

26 https://christophkolbe.de/content/uploads/2021/03/BSO-Journal-2017.pdf

27 Bahr, Petra (2010): Haltung zeigen. Ein Knigge nicht nur für Christen. Gütersloher Verlagshaus

28 Reckwitz, Andreas (2017): Die Gesellschaft der Singularitäten. Zum Strukturwandel der Moderne. Suhrkamp Verlag

29 Ebd. S. 11.

30 https://www.instagram.com/p/CTKvfEsM4 Xv/?utm_medium=copy_link

31 Reckwitz, Andreas (2017): Die Gesellschaft der Singularitäten. Zum Strukturwandel der Moderne. Suhrkamp Verlag. S. 291

32 Ebd. S. 22

33 Ebd. S. 347

34 Nacherzählt aus: Boff, Leonardo (2021): Gelobt sei der Staub, aus dem wir gemacht sind. Vom Geheimnis der unscheinbaren Dinge. Grünewald. S. 155 ff

35 Hadinger, Boglarka (2014): In jedem von uns – Die Sehnsucht nach menschlicher Reife. http://docplayer.org/73611080-In-je-dem-von-uns-die-sehnsucht-nach-menschlicher-reife-dr-boglar-ka-hadinger.html

36 Grün, Anselm (2012): Demut und Gotteserfahrung. Vier-Türme-Verlag. S. 14

37 Steindl-Rast, David (1984): Fülle und Nichts. Die Wiedergeburt christlicher Mystik. Goldmann Verlag. S. 13

38 Ebd. S. 18

39 Frankl, Viktor Emil (1991): Der Wille zum Sinn. Piper Verlag. S. 229

40 Gamma, Anna (2017): Den eigenen Platz im Ganzen finden. Persönlichkeitsentwicklung in einer globalisierten Welt. ViaNova Verlag. S. 40

41 Bodrožić, Marica (2021): Pantherzeit. Vom Innenmaß der Dinge. Otto Müller Verlag

42 https://www.chartophylax.de/übersetzungen/wuestenvaeter

43 Renz, Monika (2010): Grenzerfahrung Gott. Spirituelle Erfahrung in Leid und Krankheit. Kreuz Verlag. S. 77

44 Grün, Anselm (2012): Demut und Gotteserfahrung. Vier-Türme-Verlag. S. 28

45 Wittels, Harris (2012): Humblebrag. The art of false modesty. Grand Central Publishing

46 Grün, Anselm (2012): Demut und Gotteserfahrung. Vier-Türme-Verlag. S. 32

47 Matthäus 22, 37–40

48 Schwester Eucharis aus der Benediktinerinnenabtei vom Heiligen Kreuz Herstelle beschäftigt sich intensiv mit den Schriften Martin Bubers und hat mir einiges davon in einem langen Gespräch mit Liebe zu Bubers Gedanken erklärt.

49 Frankl, Viktor Emil (2021): Das Leiden am sinnlosen Leben. Psychotherapie für heute. Herder Verlag

50 Grün, Anselm (2012): Demut und Gotteserfahrung. Vier-Türme-Verlag. S. 10–11.

51 Die englisch-sprachigen Originalberichte können auf der Homepage des IPCC heruntergeladen werden: https://www.de-ipcc.de

52 https://www.welthungerhilfe.de/fileadmin/pictures/publications/de/studies-analysis/2020-welthunger-index.pdf

53 https://17ziele.de/ziele/2.html

54 Rosa spricht von der »Psychokrise«. Rosa, Hartmut (2017): Resonanz. Eine Soziologie der Weltbeziehung. Suhrkamp Verlag. S. 14

55 Tausende psychologische Tiefeninterviews führte Stephan Grünewald, in: ders., (2013): Die erschöpfte Gesellschaft. Warum Deutschland neu träumen muss. Campus Verlag

56 Welzer, Harald (2014): Selbst denken. Eine Anleitung zum Widerstand. Fischer Verlag. S. 58

57 Rosa, Hartmut (2017): Resonanz. Eine Soziologie der Weltbeziehung. Suhrkamp Verlag. S. 676

58 Virilio, Paul (1992): Rasender Stillstand – Essays. Hanser Verlag

59 Rosa, Hartmut (2013): Beschleunigung und Entfremdung. Entwurf einer kritischen Theorie spätmoderner Zeitlichkeit. Suhrkamp Verlag. S. 141 und 143

60 A. a. O. Der Soziologe Harald Welzer nennt dies die »tiefe Industrialisierung«, die den Menschen erschöpft, und beschreibt diesen Prozess so: »In der expansiven Moderne geht es auch hinsichtlich der individuellen Existenz um Vergrößerung und Wachstum. ›In

sich so viel Welt als möglich zu ergreifen‹; so hatte das programmatisch Wilhelm von Humboldt formuliert, und heute ist es uns zur zweiten Natur geworden, dass man ›aufsteigen‹, ›sich entwickeln‹, ›weiterkommen‹, ›lebenslang lernen‹ muss. Probieren Sie mal, wie Ihre Umwelt reagiert, wenn Sie mitteilen, dass Sie jetzt nichts mehr lernen möchten, es sei nun mal genug.« Welzer, Harald (2014): Selbst denken. Eine Anleitung zum Widerstand. Fischer Verlag. S. 58

61 Rosa, Hartmut (2013): Beschleunigung und Entfremdung. Entwurf einer kritischen Theorie spätmoderner Zeitlichkeit. Suhrkamp Verlag. S. 14

62 Gamma, Anna (2017): Den eigenen Platz im Ganzen finden. Persönlichkeitsentwicklung in einer globalisierten Welt. ViaNova Verlag. S. 16

63 https://stephangrabmeier.de/bani-vs-vuca/

64 Rosa, Hartmut (2017): Resonanz. Eine Soziologie der Weltbeziehung. Suhrkamp Verlag. S. 24

65 Steindl-Rast, David (1984): Fülle und Nichts. Die Wiedergeburt christlicher Mystik. Goldmann Verlag. S. 15

66 Rilke, Rainer Maria (1957): Die Gedichte. Nach der von Ernst Zinn besorgten Edition der sämtlichen Werke. Insel Verlag 1957. Die Sonette an Orpheus, 1922

67 Gefunden bei Knapp, Natalie (2015): Der unendliche Augenblick. Warum Zeiten der Unsicherheit so wertvoll sind. rowohlt. S. 5

68 Siehe die tibetische Praxis des Tonglen, beschrieben in: Rinpoche, Sogyal (2020): Das tibetische Buch vom Leben und vom Sterben: Ein Schlüssel zum tieferen Verständnis von Leben und Tod. Knaur

69 Keller, Gottfried (2013): Gesammelte Gedichte. Holzinger Verlag. S. 92

70 https://www.zeitverein.com

71 Ebd.

72 Pannikar, Raimon (1990): Den Mönch in sich entdecken. Kösel Verlag. S. 25

73 Rohr, Richard (2010): Pure Präsenz. Sehen lernen, wie ein Mystiker. Claudius Verlag

74 Frister, Thomas (2004): Alfred North Whiteheads Prozessphilosophie und die Gestalttherapie – ein Integrationsversuch.

https://www.praxis-frister.de/downloads/41/whitehead%20
und%20 gestalttherapie%20abschlussarbeit.pdf S. 17.

75 Green, John (2021): Wie hat Ihnen das Anthropozän bis jetzt
gefallen? Notizen zum Leben auf der Erde. Hanser Verlag

76 Beide Zitate in: Zander, Hans Conrad (2011): Als die Religion
noch nicht langweilig war. Die Geschichte der Wüstenväter.
Gütersloher Verlagshaus. S. 289

77 Rohr, Richard (2010): Pure Präsenz. Sehen lernen, wie ein
Mystiker. Claudius Verlag. S. 39 f.

78 Ebd. S. 13

79 Scheler, Max (1925): Die Formen des Wissens und die
Bildung. F. Cohen Verlag. S. 16 f.

80 Eurich, Claus (2019): Radikale Liebe. Die Lebensethik Albert Schweitzers – Hoffnung für Mensch und Erde. ViaNova
Verlag. S. 110

81 Schweitzer, Albert (2016), Kulturphilosophie. Verfall und
Wiederaufbau der Kultur. Kultur und Ethik. Becksche reihe. S. 66

82 Schweitzer, Albert (2016), Kulturphilosophie. Verfall und
Wiederaufbau der Kultur. Kultur und Ethik. Becksche
reihe. S. 273

83 Eurich, Claus (2019): Radikale Liebe. Die Lebensethik Albert
Schweitzers – Hoffnung für Mensch und Erde. ViaNova
Verlag. S. 29

84 Ebd. S. 30

85 Albert Schweitzer, zitiert bei Claus Eurich. S. 47

86 Eurich, Claus (2019): Radikale Liebe. Die Lebensethik Albert
Schweitzers – Hoffnung für Mensch und Erde. ViaNova
Verlag. S. 49

87 Postulant*innen sind Anwärter*innen, die um Aufnahme in
einen Orden gebeten haben.

Über die Autorin:

Annette Behnken ist Theologin, Pastorin, Studienleiterin an der Evangelischen Akademie Loccum sowie Fernsehmoderatorin der kirchlichen Sendereihe »Das Wort zum Sonntag«. Sie ist davon überzeugt, dass Glaube nicht abseits, sondern mitten im Leben passiert. Die Mutter von drei Töchtern lebt mit ihrer Patchworkfamilie in der Nähe von Hannover.